Ramanananda Swarnagiri

Erfahrungen mit der Lehre Ramana Maharshis:

Brosamen von seinem Tisch

Bibliografische Informationen der Deutschen Bibliothek

Die Deutsche Bibliothek verzeichnet diese Publikation in der Deutschen Nationalbibliografie; detaillierte bibliografische Daten sind im Internet über http://dnb.ddb.de abrufbar.

Ramanananda Swarnagiri:
Erfahrungen mit der Lehre Ramana Maharshis: Brosamen von seinem Tisch. – 1. Auflage, 2018

Titel der Originalausgabe:
Crumbs from His Table, 7th ed., Tiruvannamalai: Sri Ramanasramam, 2006

Herstellung und Verlag: BoD – Books on Demand, Norderstedt
ISBN: 978-3-7528-9185-0

Umschlaggestaltung: BoD
Fotos mit freundlicher Genehmigung des Sri Ramanashram
Printed in Germany

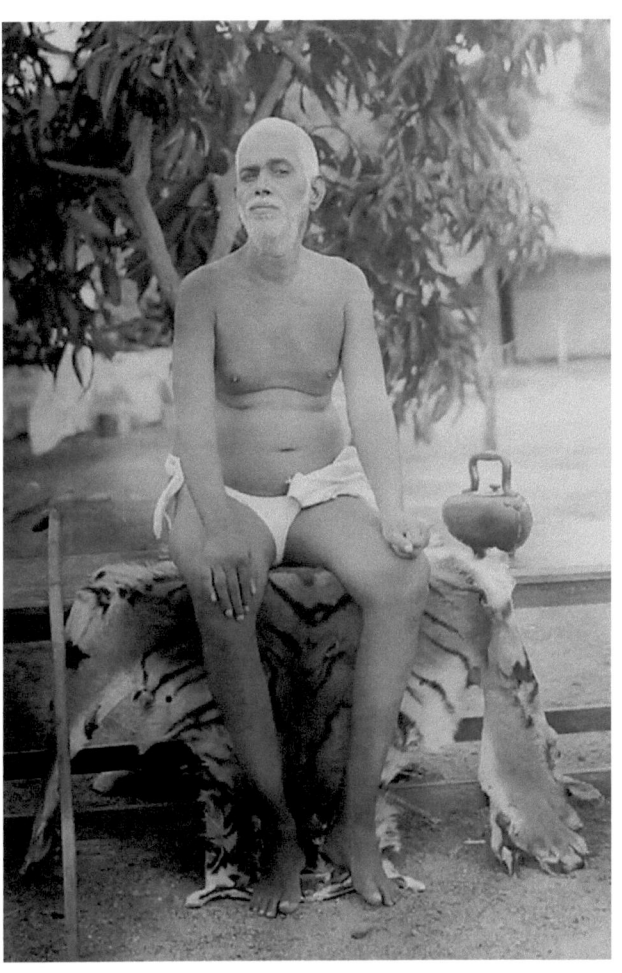

INHALTSVERZEICHNIS

HINFÜHRUNG

Über Ramanananda Swarnagiri ist nichts weiter bekannt als das, was er selbst über sich in diesem Büchlein geschrieben hat. Es gehört zu den kleinen Klassikern über Ramana Maharshi, den Weisen vom Berg Arunachala. Swarnagiri berichtet von seinen drei Besuchen im Ashram in den Jahren 1934 und 1935, als Ramana, inzwischen 55 Jahre alt, bereits bekannt war und Menschen aus aller Welt zu ihm kamen.

In erster Auflage erschien „Crumbs from His Table" 1936, in erweiterter zweiter Auflage 1937. Sri Ramana schätzte es und empfahl es seinen Schülern und Besuchern.

Ramanananda Swarnagiri spricht vermutlich aus Demut von sich in der 3. Person als „der Schreiber", was ich der besseren Lesbarkeit wegen in die erste Person „ich" verändert habe.

Gabriele Ebert (Übersetzerin)

WIDMUNG FÜR SRI RAMANA

Oh du spiritueller Führer der Führer! Oh du Lehrer der Lehrer! Oh du leibhaftiger Shankara! Oh du leibhaftiger Ramakrishna! Du vertreibst die Wolke des Nichtwissens – du bist der größte Vernichter der Illusion des Gedankens „Ich bin der Körper" (*dehatma buddhi*). Du manifestierst dich deinen demütigen Verehrern in der Gestalt des Sat-Gurus (des höchsten, wahren Gurus), wenn sie dich nur erblicken. Bitte nimm meine demütige Widmung an, die ich dir zu Füßen lege, und führe mich ans Ziel, oh strahlendes Licht, und mache mich eins mit dir!

Ramanananda Swarnagiri

VORWORT

Im Dezember 1936 veröffentlichte ich diese kleine Schrift, die einige Gespräche mit Sri Ramana Bhagavan von Tiruvannamalai enthält, die ich sowie einige meiner Freunde in meinem Beisein mit ihm führten. Diese Gespräche beinhalten vor allem seine spirituellen Lehren, die ich während der wenigen Monate 1935, die ich im Sri Ramanashram verbrachte, aufsammeln konnte, wie sie von seinen heiligen Lippen kamen. Dass die Anweisungen nicht nur mir galten, sondern auch anderen Fragern, erklärt bis zu einem gewissen Grad die scheinbare Widersprüchlichkeit und ungereimte Abfolge bei den Fragen und Antworten und auch einige Wiederholungen.

Ich habe in diesem Buch versucht, sie so gut wie möglich in eine Reihenfolge zu bringen, aber ich befürchte, dass ein bestimmtes Durcheinander und eine gewisse Widersprüchlichkeit (in diesem Buch und auch in anderen veröffentlichten oder erzählten Versionen von Sri Bhagavans Lehre) unvermeidlich sind. Die Gründe dafür sind unterschiedlich. Erstens: Die Frager gehören verschiedenen philosophischen Richtungen an und sind in ihrer Praxis und in ihrem Fortschritt auf unterschiedlichen Stufen, sodass die Antwort von der Art ihrer jeweiligen Frage abhängt. Zweitens: Sri Bhagavans Desinteresse an Behauptungen und Bestätigungen, und vor allem drittens: die Aufnahmefähigkeit des Fragers, seine Antwort richtig aufzufassen und die daraus folgende Fähigkeit, sie gut in Worten wiederzugeben.

Obwohl Sri Bhagavan wiederholt in seinen authentischen Veröffentlichungen betonte und auf Fragen antwortete, dass die Methode der Ergründung „Wer bin ich?" der leichteste und direkteste Weg zur Befreiung sei, so hat er doch nie andere Methoden und Wege wie *Karma* Yoga (Yoga des Handelns), *Bhakti* Yoga (Yoga der Verehrung), *Ashtanga* Yoga (Hatha Yoga) usw. abgelehnt, wie man an seiner Antwort auf eine Frage im Kapitel 9 „Selbstverwirklichung" sehen kann.

Ob man nun der Suche nach dem Selbst, der Wahrheit oder Gott folgt, so war Sri Bhagavans Anweisung an mich, innerlich „Wer bin ich?" zu fragen, das Rationalste und Erste, was ich tun und wissen musste, anstatt den Pilgerorten hinterherzulaufen, was ich normalerweise im Sinn hatte, besonders da ich kostenlos und bequem mit der Bahn reisen konnte. Bemerkenswert ist, dass Sri Bhagavan zu einer kurzen Reise in die Tirupati-Berge im August 1936, die ich auf Drängen einer meiner Brüder unternahm, meinte, ich könne das tun, weil ich es mir leisten könne. Die offensichtliche Bedeutung der Bemerkung war, dass diese Besuche nicht nötig waren und ich sie nicht unternehmen musste, obwohl ich kostenlos reisen konnte.

Die Einmaligkeit seiner Lehre beruht auf der Tatsache, dass er von Anfang an auf der Methode der Ergründung besteht, ohne ewig darauf zu warten, bis Körper, Geist und Verstand gereinigt sind. Die Ergründung gibt einem sofort diese geistige Stille, die man sonst erst nach Jahren des Übens von *japa* (fortwährende Wiederholung eines Mantras) bekommt. Selbst die Übenden, die die Bedeutung des Gayatri, des höchsten Mantras, kennen und es zehn Millionen Male wiederholen, geben das zu. Wenn man andererseits das Gayatri nur einmal mit der richtigen inneren Einstellung (*bhava*) ausspricht, anstatt zu wiederholen: „Ich meditiere darüber, ich meditiere darüber", und dabei still bleibt und fest die Bedeutung des Mantras im Blick behält[1], wird man sich bald als dieses Licht sehen, ohne Körper und Gestalt, vollkommen still und ohne Gedanken. Das ist in der Tat eine angenehme Erfahrung.

Was man auf diese Weise erlangt, erlangt man auch, indem man lediglich der Quelle des Denkens, dem Ich-Gedanken nachforscht, der der erste Gedanke ist, indem man fragt: „Wer bin ich?" und still auf eine Antwort wartet. Dabei wacht man sorgsam gegen die Aufdringlichkeit des hinterhältigen Eindringlings (des Affen-Geistes).

---

[1] Die Bedeutung des Gayatri: Die Kraft, die den Verstand zu seinen verschiedenen Betätigungen veranlasst, ist dieselbe wie die der Sonne, die durch ihr Strahlen die Dunkelheit auf Erden beseitigt und die Ursache für die Existenz und das Wachsen allen Lebens auf dieser Erde ist.

Sri Bhagavans Lehre kann zusätzlich und ohne Be-
einträchtigung anderer Übungen praktiziert werden,
und das von Anfang an, was einen großen und uner-
messlichen Vorteil mit sich bringt.

Ich habe zunächst nur einen kurzen Bericht über die
Hauptlehren herausgebracht, ohne die illustrierenden
Geschichten. Ich hoffte, dass der Geschmack einiger
„Brosamen" genügen würde, den Leser dazu anzure-
gen, das Brot des Lebens selbst, das Sri Ramana in
Händen hält, zu suchen. Es war mein Bestreben, ein
Interesse an ihm und seiner Lehre zu wecken.

Seit der Veröffentlichung dieser Broschüre wurde ich
von einigen Freunden und anderen gedrängt, einen
detaillierteren Bericht meiner Erfahrung und v.a.
mehr über Sri Bhagavans Lehre herauszubringen. Ich
tue das nun, um ihrer ernsten Nachfrage nachzu-
kommen und anderen die Lektüre zu ermöglichen,
die keine Gelegenheit hatten, die erste Auflage des
Buches zu lesen.

Dezember 1937, Ramanananda Swarnagiri[2]

---

[2] [Dies ist Ramanananda Swarnagiris Vorwort zur 2. Auflage, die 1937 erschienen ist.]

1. BESUCH IM SRI RAMAN-ASHRAM

Am 23. Dezember 1933 besuchte ich den Avadhuta Swami[3] in Sendamangalam im Namakkal Bezirk, der zum Salem Distrikt (im Madras-Staat in Südindien) gehört. Während ich das Götterbild von Dattatreya auf dem Berggipfel umrundete, wo der Swami seine Höhle hat, sah ich zufällig ein Foto von einem sehr jungen Asketen, der wie ein soeben aus der Schule entlassener Junge aussah, nicht älter als zwanzig. Die durchdringenden Augen und die jugendliche Erscheinung des jungen Yogis fesselten mich. Man sagte mir, dass der Weise in Tiruvannamalai (im North Ascot Distrikt im Madras-Staat in Südindien) lebe und ein vollkommener Weiser (*Jnani*) sei.

Am Karfreitag, dem 30. März 1934, um 8 Uhr besuchte ich den Ramanashram zum ersten Mal. Ich verneigte mich vor Sri Ramana und blieb bis zur Mit-

---

[3] Ein Avadhuta ist ein Mensch, der die gewöhnliche Welt völlig abgeworfen hat, was er äußerlich dadurch zeigt, dass er nicht einmal ein Lendentuch trägt. Er ist ein selbstverwirklichter Asket, den höchste spirituelle Freiheit kennzeichnet. Aber heutzutage wird damit nur noch ein Asket bezeichnet, der das Lendentuch abgelegt hat und völlig nackt umhergeht, ob er nun selbstverwirklicht ist oder nicht. Ich ging ihn besuchen, teils aus Neugier, um zu sehen, wie man seinen Sexualtrieb kontrollieren und völlig nackt sein kann, und teils, um seine Gnade zu erlangen und von ihm unterwiesen zu werden.

tagszeit um 11.30 Uhr in der Halle. Weder Sri Ramana noch sonst jemand sprach. Nach dem Mittagessen saßen die meisten Besucher in einer offenen Halle dem Schrein der Mutter gegenüber.

Ich sagte zu einem Herrn, der in meiner Nähe saß, dass ich leider wegen einer Befleckung[4] keine spirituelle Unterweisung von einem Heiligen oder Weisen erhalten könne, wonach ich mich seit einigen Monaten sehnte. „Ich bin vergangenen Dezember in Sendamangalam gewesen. Kurz bevor ich weitergereist bin, hat meine Schwägerin Zwillinge geboren. Als ich hierherkam, hörte ich, dass eine andere Schwägerin in Mambalappattu ebenfalls ein Kind geboren hat." Rao Bahadur Narayana Iyer, ein Buchhalter des Madras Port Trust im Ruhestand, sagte zu mir, dass ich mir keine Sorge wegen einer Befleckung und anderem machen brauche, da Sri Ramana weder spirituelle Unterweisung (*upadesa*) gebe noch von jemandem empfangen habe.

Da ich kürzlich den Avadhuta Swami in Sendamangalam besucht hatte, wollte Narayana Iyer wissen, ob ich von Wundern (*siddhis*) dieses Swami gehört habe. Ich verneinte und erklärte, dass der Grund meines Besuchs gewesen sei zu erfahren, wie man den Sexualtrieb kontrollieren könne, da vom Swami bekannt ist, dass er jahrelang ohne ein Lendentuch in der Ge-

---

[4] Bei den Hindus ist man u.a. die ersten zehn Tage nach der Geburt eines Kindes eines Verwandten väterlicherseits befleckt.

sellschaft gelebt hat, und nicht weil ich über seine Wunder etwas wissen oder ihn deshalb bewundern wollte. Ich fügte dem noch hinzu, dass ich gehört hatte, dass Sri Ramana und der Avadhuta Swami zusammen in Tiruvannamalai gelebt hätten, und dass, falls es ihm gelänge, Sri Ramana zum Reden zu bringen, er von ihm eine genaue Beschreibung des Swami erhalten könne. Der Buchhalter stimmte dem zu und begleitete mich zur Halle, wo Sri Ramana saß.

In der Halle fragte Narayana Iyer Sri Bhagavan, ob er den Swami aus Sendamangalam (der auch als Kalpattu Swami bekannt ist[5]) kenne. Sri Ramana bejahte und charakterisierte ihn als einen guten *vairagya purusha* (einen anhaftungslosen Menschen). Da diese Anhaftungslosigkeit auch alle anderen Eigenschaften beinhaltet, die einen Heiligen oder Swami kennzeichnen, sagte ich zu Herrn Iyer, dass keine weiteren Fragen nötig seien. Doch er hörte nicht damit auf, sondern fragte Sri Bhagavan, ob er von Wundern wisse, die der Avadhuta gewirkt habe. Sri Bhagavan verneinte.

Narayana Iyer forderte mich auf, Fragen zu stellen. Da ich nicht wusste, was ich fragen sollte, zögerte ich, aber da Herr Iyer mich weiter anspornte, fragte ich Sri Bhagavan, ob es stimme, dass er und der Avadhuta Swami zusammen am selben Ort *tapas*

---

[5] Kalpattu ist ein Dorf in der Nähe des Mambalappattu Bahnhofs. Es ist mein Geburtsort.

(Entsagung) geübt hatten. Sri Bhagavan bestätigte, dass sie das unter einem Mangobaum auf dem Berg getan hätten. Ich wurde aufgefordert, weitere Fragen zu stellen. Mir fiel aber nichts mehr ein. Sri Bhagavan sah mich die ganze Zeit über an, als warte er auf meine Fragen. Ich konnte deshalb nicht anders und sagte: „Ich möchte dir gern weitere Fragen stellen, aber ich weiß nicht, was ich fragen soll."

2. NEKTAR-TROPFEN

Bhagavan: "Wer bist du?"

Fr.: „Ich bin Narayanaswami."

B.: „Ist es der Körper, der Mund oder sind es die Hände, die das Ich repräsentieren, von dem du sprichst?"

Fr.: „Der Mund, die Zunge, der Körper, alles zusammen machen das Ich aus."

B. zeigt auf ihn. „Wessen Körper ist das?"

Fr.: "Mein Körper."

B.: "Unterscheidest du dich also vom Körper? Bist du der Besitzer, und der Körper ist dein Besitz?"

Fr.: „Ich verstehe jetzt, dass ich mich vom Körper unterscheide, doch ich kann trotzdem die Grenzlinie zwischen meinem Körper und meinem Selbst nicht klar erkennen. Ich kann nicht erkennen, wer ich bin."

B.: „Stelle dir die Frage selbst, und du wirst wissen, wer du bist."

Fr.: „Wem soll ich die Frage stellen und wie?"

B.: „Stelle sie dir selbst, mache die Quelle ausfindig, aus der das Ich entspringt, und die Antwort wird sich einstellen."

Ich spürte, dass im Gegensatz zu dem, was Narayana Iyer und andere mir gesagt hatten, nämlich dass Sri

Ramana Bhagavan keine spirituelle Unterweisung und Führung (*upadesa*) gebe, er mir tatsächlich etwas gegeben hatte, womit ich arbeiten konnte. Ich war mit dieser Lektion zufrieden, kaufte ein Buch über sein Leben und seine Lehre (in Tamil) und las es in der folgenden Nacht im Ashram. Je mehr ich las, desto mehr fühlte ich mich zu Sri Bhagavan hingezogen, und sein Beispiel und seine Lehre sagten mir mehr zu als alles, was ich bislang gehört hatte.

Am nächsten Tag besuchte ich mit einigen Freunden und einem engen Verwandten einen Lehrer für Sanskrit und Tamil, der für einige Zeit an einer der örtlichen High Schools Sanskrit unterrichtet hatte und in der Nähe der Orte lebte, wo Bhagavan sein frühes Leben verbracht hatte.

Als ich zu dem Platz kam, wo Bhagavan abends immer gesessen hatte, nahm ich ein wenig Erde und beschmierte damit meine Stirn (wie es für Hindus üblich ist, wenn sie eine Person verehren). Ich ließ auch etwas davon in meinen Mund fallen, da ich spürte, dass der Ort, an dem solch eine heilige Person gesessen hat, heilig ist und seine Fußspuren überaus wertvoll sind.

Mein Verwandter wurde sofort zornig und protestierte dagegen, dass ich Sri Ramana vergöttlichte. Er gehört einer strengen philosophischen Richtung an, und Sri Ramana hatte seiner Meinung nach gegen die Regel Manus (des hinduistischen Gesetzgebers) verstoßen, indem er die Beerdigungsriten für seine Mutter ausgeführt hatte. Dies verstößt gegen die Regel, dass ein Asket keine Verbindung mehr mit seinen Eltern unterhält. Obwohl ich nicht gebildet genug bin, um seinen Einwand aus der alten Überlieferung zu widerlegen, protestierte ich mit dem Argument, dass Sri Ramana der Manu der Gegenwart sei und alle Autorität besitze, Regeln für das menschliche Verhalten festzulegen. Da er sich aber vor allem auf die spirituelle Führung konzentriere, stünde er auf einer viel höheren Stufe als Manu. Unglücklicherweise fügte ich noch einen Fluch hinzu, indem ich sagte, dass mein Verwandter bald die Folgen seiner unwissenden Geringschätzung des Herrn ernten würde.

Weniger als zehn Minuten später stolperte mein Verwandter über einen kleinen Stein und fiel der Länge nach hin. Ich war einige Schritte vorausgegangen und um eine Straßenecke gebogen, als einer meiner Freunde mich zurückrief. Mein Verwandter hatte sich nicht nur verletzt, sondern lag bewusstlos in einer Hütte, und ein Bein war geschwollen. Ich rannte zu ihm, heuerte einen Pferdewagen an und brachte ihn zum Bahnhof, nachdem ich ihm als Erste-Hilfe-Maßnahme kaltes Wasser ins Gesicht gespritzt und zu trinken gegeben hatte, bis er wieder zu Bewusstsein kam. Ich überlasse es gern dem Leser, seine eigenen Schlüsse zu ziehen, was den Fluch und den unmittelbaren Vorfall betrifft. Für mich ist es immer noch unerklärlich.

Ich mag keine Geheimnistuerei um Wunder, und Sri Bhagavan behauptet nicht von sich, übernatürliche Kräfte zu besitzen, doch es gibt unzählige Menschen, die ihm Wunder zuschreiben.

Ich besuchte ihn erneut im selben Jahr am 27. Mai für zwei Stunden und am 20. Oktober den ganzen Tag. Sri Niranjanananda Swami [besser bekannt als Chinnaswami, der Bruder Ramanas], das weltliche Oberhaupt des Sri Ramanashram, meinte beiläufig, dass wenn ich von der vollen Gnade Sri Ramanas profitieren wolle, ich mich dazu entschließen sollte, mindestens fünf Tage im Ashram zu verbringen. Ich konnte weder die Bedeutung dieses Vorschlags verstehen, noch konnte ich mich damals für einen längeren Aufenthalt begeistern. Doch seit dem Tag, an dem ich Sri Ramana zum ersten Mal gesehen hatte, übte ich die Ergründung „Wer bin ich?"

3. SEINE BOTSCHAFT

Am Sonntag, dem 14. Juli 1935, besuchte mein unmittelbarer Vorgesetzter zusammen mit einem Freund namens Anandan (was in Tamil „der Glückliche" bedeutet) mich zuhause. Er bat mich, seinen Freund zum Sri Ramanashram zu begleiten. Ich lehnte ab, doch mein Vorgesetzter bestand darauf und wollte, dass ich darüber nachdachte und ihm am nächsten Dienstag meinen Entschluss mitteilte.

Am Dienstag bot mir mein Vorgesetzter an, mein Zugticket nach Tiruvannamalai und zurück zu bezahlen. Mir kam es so vor, als würde mich Sri Ramana selbst in Person meines Vorgesetzten auffordern zu gehen, indem er anbot, den Fahrpreis zu übernehmen. Deshalb zögerte ich nicht länger und war damit einverstanden, als Führer zum Sri Ramanashram zu dienen oder vielmehr unter diesem Vorwand selbst Sri Ramana zu besuchen.

Also war ich am Mittwochmorgen, dem 17. Juli 1935, in Sri Ramanas Gegenwart. Unterwegs dachte ich, dass ich Bhagavan Fragen stellen und weitere Erläuterungen von ihm bekommen könnte. Aber als ich in den Ashram kam, war ich dazu zu schüchtern. Was mir ständig im Kopf herumging, war, dass ich ein verheiratetes Leben führte und lustvollen Gedanken und Handlungen Raum gab. Doch ich getraute mich nicht, Sri Bhagavan diese Frage zu stellen, denn seine Antwort würde vielleicht lauten, dass ich mein

Zuhause verlassen und alle weltlichen Bindungen zerschneiden müsste, wozu ich damals nicht bereit war. Zudem schien mir die Frage zu unanständig zu sein, um sie einer solch heiligen Person zu stellen. Doch Sri Bhagavan ließ mich nicht so ohne weiteres unzufrieden gehen.

Bald kam ein junger Mann herein und setzte sich vor Sri Bhagavan. Die erste Frage, die er weinend und vor ihm kniend stellte, war: „Du hast meine *Kundalini*[6] geweckt, und aus diesem Grund habe ich sogar meine Arbeit aufgegeben. Aber in meinem Bemühen, *atma vichara* (Selbstergründung) zu üben, wie Sri Bhagavan empfiehlt, werde ich von einem Hindernis geplagt. In meinem Dorf mir gegenüber lebt eine junge Frau, zu der ich mich oft hingezogen fühle. Ich kann mein Verlangen nicht kontrollieren. Was soll ich tun?"

Sri Bhagavan fragte ruhig: „Wer wird hingezogen?"

Er erwiderte: „Ich. Immer wenn ich sie sehe, denke ich an sie. Gedanken drängen sich mir auf, in ihrer Gesellschaft zu sein usw."

Bhagavan bat ihn, sich die Frage zu stellen: „Wer sieht und wer ist angezogen? Wer wird vom Verlangen gestört? In wem taucht das Verlangen auf?" und fügte hinzu, dass in dem Augenblick, in dem er sich

---

[6] Es wird angenommen, dass die göttliche Kraft (*shakti*), in nicht eingeweihten und wenig fortgeschrittenen Übenden schläft.

diese Fragen stellte, ihn all diese Gedanken verlassen würden.

4. EINIGE ERFAHRUNGEN UND DIE EINWEIHUNG

In der Nacht vom 17. auf den 18. Juli 1935 setzte ich mich um 4 Uhr nachts zu meiner üblichen Meditation hin. Sobald ich die Augen geschlossen hatte, spürte ich eine völlige innere Stille. Sie hielt volle 30 Minuten an, wie meine Uhr mir nach der Erfahrung zeigte. Es war, als würden unzählige Ameisen meinen Rücken hinaufkrabbeln und ein sanftes, harmloses Feuer um mich lodern. Ich fühlte mich körperlos und vereinigte mich mit dem Licht. Das Licht war wie ein abendlicher Sonnenschein, während es gleichzeitig nieselt. Tränen strömten mir aus den Augen.

Als die Erfahrung zu Ende war, schrie ich auf, und da meine Meditation unterbrochen war, begann ich wie üblich, meine Gebetsschnur zu benutzen. Ich habe es bis 8 Uhr niemandem erzählt, als ich wiederum einen Kloß im Hals hatte und Tränen aus meinen Augen strömten wie zuvor. Ich konnte nicht mit der Lektüre einiger Kapitel von Paul Bruntons ‚A Search in Secret India‘[7] fortfahren. Sri Bhagavan bemerkte, dass ich fast kein Wort herausbrachte, und fragte, was los sei. Ich erzählte ihm von meinen Erfahrungen in den frühen Morgenstunden. Sri Bhagavan sagte, dass bald alles in Ordnung sein würde.

---

[7] [Das bekannte Buch von Paul Brunton war 1934 erschienen. In deutscher Übersetzung: Von Yogis, Magiern und Fakiren.]

Als ich wenig später im Buch von Herrn Brunton las, dass Sri Jagadguru Shankaracharya vom Kanchi Kamakoti Peetham Herrn Brunton an zwei heilige Personen verwiesen hatte, die ihm die Erkenntnis des Selbst (*Atma Vidya*) erklären könnten, wovon Sri Ramana eine war, wollte ich wissen, wer die andere Person war. Man sagte mir, es sei der jetzige Sri Ramananda Swami, der damals in Mahadanapuram in der Nähe von Trichinopoly gelebt habe. Das berichtet der Journalist und Autor K.S. Venkataramani, der Herrn Brunton bei seinem Besuch des Sri Shankaracharya nach Chingleput begleitet hat.

Da ich in der Nähe von Mahadanapuram lebe und Sri Bhagavan bereits von meinem Besuch des Avadhuta Swami in Sendamangalam erzählt hatte, fragte er mich, ob ich auch Sri Ramananda besucht habe. Ich verneinte, betonte aber, dass ich es nun aufgrund von dem, was ich über ihn gehört hatte, unbedingt tun wolle. Ich fügte jedoch hinzu, dass seine Bücher jemand wie mich fast verzagen ließen, jemals die Befreiung zu erlangen. Denn ich hatte den größten Teil meines Lebens auf eine Weise zugebracht, welche der Swami für unreligiös und sündig halten würde. Es fehlte mir sowohl an der Kenntnis der Veden als auch an der grundlegenden Praxis eines Brahmanen, sodass ich kaum an die Befreiung (*mukti*) denken durfte. Ich sehnte mich nach Erlösung, aber dieses Beharren auf dem Studium einer riesigen Menge an Sanskrit-Literatur oder überhaupt Literatur bedeutete für mich ein Hindernis. Ich wollte wissen, ob es in meinem Alter und bei meinen Lebensumständen einen Ausweg für meinen schwierigen Zustand gab, und da ich nun durch Sri Ramana eine mögliche Lösung gefunden hatte, die all diese Zweifel beseitigte, wollte ich zu niemand anderem mehr gehen.

Sri Bhagavan sagte, dass ein ausführliches Studium oder höhere Bildung für die Selbstverwirklichung nicht verpflichtend sei und dass sie manchmal eher ein Hindernis als eine Hilfe bedeuten würden.[8] Ein gebildeter Gelehrter (Pandit) hat eine größere Familie (*samsara*) als ein gewöhnlicher Mensch, dessen unmittelbare Hindernisse für die Ergründung des Selbst nur aus seiner Frau, seinen Kindern und einigen Verwandten und Freunden bestehen. Wenn solch einer durch beständige Ergründung diese Fesseln lösen kann, ist er auf dem Weg der Befreiung, während ein Pandit zusätzlich zu den unmittelbaren Fesseln seiner Beziehungen usw. auch noch die Zweifel und das Verzagen lösen muss, die ihm die verschiedenen Bücher bereiten. An irgendeinem Punkt auf dem Weg muss er sich bemühen zu vergessen, was er gelesen hat. Sri Bhagavan fügte hinzu, dass die Erkenntnis des Selbst wahres Wissen sei und mit keinem Wissen vergleichbar, das man durchs Studium erlange. Selbsterkenntnis oder Selbstverwirklichung sei durch

---

[8] „Die demütige Selbsterkenntnis ist ein sichererer Weg zu Gott als die wissenschaftliche Erforschung." (Thomas von Kempen: Die Nachfolge Christi)

kein noch so großes Studium zu erreichen, sondern nur durch Übung. Ich kann nicht beschreiben, welchen Trost und welche Erleichterung mir das gab.

Ich blieb bis am Sonntag, dem 21. Juli 1935, im Ashram. Dann sagte ich zu Bhagavan, dass ich nicht an meinen Arbeitsplatz zurückkehren wolle, sondern wünsche, dauernd bei ihm zu bleiben. Er antwortete, er sei nicht an Raum und Zeit gebunden und ich müsse mir deshalb keine Sorgen machen, wo ich sei, womit er offensichtlich meinte, dass es nicht nötig sei, hier zu bleiben, nur um seine Gnade zu erlagen. Da ich einige Briefe von Menschen aus anderen Ländern, die Sri Ramana bis jetzt nicht gesehen hatten, gelesen hatte, in denen sie schrieben, dass sie von ihm täglich geführt wurden, war ich leicht dazu zu bewegen, diese Versicherung anzunehmen, und kehrte am Morgen des 22. Juli an meinen Arbeitsplatz zurück.

Bevor ich zum Ashram gekommen war, hatte mir ein Freund das Buch ‚Spiritual Instructions' von Sri Swami Brahmananda vom Ramakrishna-Orden gegeben. Was er auf Seite 225 schreibt, sagte mir so sehr zu, besonders nach meiner Erfahrung im Ashram, dass ich sofort nach meiner Rückkehr an Sri Niranjananananda Swami vom Sri Ramanashram schrieb, dass ich mich fortan dem Dienst für Sri Ramana weihen wolle.[9]

---

[9] „Gewöhnliche Menschen verstehen unter dem Guru einen Menschen, der irgendein Mantra in das Ohr des Schülers flüstert. Sie kümmern sich nicht darum, ob er alle Eigenschaften eines wahren Meisters besitzt. Aber heutzutage lässt sich eine solche Auffassung nicht mehr beibehalten. Man erkennt heute an, dass kein anderer als eine verwirklichte Seele dazu in der Lage ist, ein spiritueller Lehrer zu sein. Wer den Weg nicht selbst gegangen ist, kann ihn auch anderen nicht zeigen." (Swami Brahmananda: Spiritual Teachings, Madras: Sri Ramakrishna Math, 1933, S. 225)

5. DAS LEBEN MIT DEM MEISTER

Am 14. September 1935 morgens um 4 Uhr konnte ich nicht die übliche innere Stille finden. Ich beschwerte mich deshalb im Geist bei Sri Bhagavan, dass er mir nicht seine Gnade gegeben hatte, weshalb ich nicht fähig war, mir beständig einen gelassenen Geist zu bewahren. In diesem Augenblick hörte ich eine innere leise Stimme sagen: „Wenn du enttäuscht bist, solltest du besser zu mir zurückkommen."

Ich konnte mich nicht entscheiden, was ich tun sollte, und ging von Zuhause fort mit dem Entschluss, nicht eher zurückzukehren als bis ich Trost von irgendeinem Swami bekommen und meine gute Konzentration wiedererlangt hatte. Es kam mir in den Sinn, dass es vielleicht möglich sei, Trost von Sri Ramananda zu erhalten, der in meiner Nähe wohnte und über den Sri Shankaracharya in den höchsten Tönen gesprochen hatte. Deshalb machte ich mich noch am selben Abend zu ihm auf den Weg. Da ich den Swami nicht antraf, übernachtete ich bei einem Freund und badete am nächsten Morgen im Kaveri. Als ich mich kurz darauf am Ufer zur Meditation hinsetzte, war meine Meditation nicht nur gut, sondern dauerte länger als üblich.

Um etwa 11 Uhr besuchte ich den Swami. Er fragte mich nicht, was ich gelesen hatte, sondern wollte von meinen Erfahrungen und Schwierigkeiten wissen. Als ich dem Swami davon erzählt hatte, meinte er, es habe den Anschein, dass ich *manolaya* (s. Kap. 8) erreicht hätte und mich auf die Suche nach einem Sat-Guru machen sollte. Er wollte, dass ich mich auf das *japa* des Gayatri konzentrierte.

Ich war in seiner Anwesenheit sehr glücklich und genoss die innere Stille. Als ich ihn zwanglos fragte, warum er mich entgegen dem, was er in seinem Buch ‚The Hindu Ideal‘ betonte, akzeptiere – einen modernen Brahmanen mit kurzem Haar, ohne Sanskrit-Kenntnis und die üblichen täglichen brahmanischen Verrichtungen – antwortete er, er habe sein Buch nur geschrieben, um den Weg der Selbstverwirklichung aufzuzeigen. Das würde aber nicht bedeuten, dass eine Person, die meinen Zustand anscheinend durch Handlungen in vergangenen Leben (*karmas*) erreicht habe, von vorn mit dem Lernen beginnen müsse. Seine Unterweisung war sehr erhellend und anschaulich.

Ich kehrte am Sonntagabend nach Hause zurück mit dem Gefühl, dass ich irgendeine sichtbare Bestätigung des Rufs des Maharshi erhalten würde. Als ich am Montag wieder in mein Büro kam, lag dort ein Brief vom 14.9.1935 (genau vom Tag, an dem ich meine Schwierigkeiten und die innere Antwort erhalten hatte) von einem langjährigen Schüler Bhagavans, der unter anderem folgenden Satz enthielt: „Durch Bhagavans Gnade hoffe ich, du kannst es einrichten, sobald wie möglich herzukommen und persönlich seinen Segen zu erhalten."

Das betrachtete ich als eine Bestätigung der innerlich empfangenen Nachricht. Ich ließ mich deshalb von meinem Arbeitgeber für mehrere Monate beurlauben, in der Hoffnung, dass, wenn es in dieser Zeit einen sichtbaren Beweis weiteren Fortschritts gäbe, ich meine Familienbande zerbrechen, meine Arbeit aufgeben und mich völlig der Selbstverwirklichung widmen würde. Meine Mutter, die damals 70 war, weinte heftig, als sie das hörte, und glaubte, dass sie dann verlassen wäre. Ich betete zu Sri Ramana, mich zu befähigen, sie zu trösten. Da kam mir ein Tamilvers in den Sinn, der besagt, dass es unmöglich sei, ein Küken wieder in die Eierschale zurückzuzwängen, aus der es geschlüpft ist. So kann auch eine Seele, die aus ihrer Schale der Unwissenheit geschlüpft ist, nicht mehr in sie zurückkehren. Mit der Vernichtung der unwissenden Ansicht, der Körper sei das Selbst, kann die Seele nie wieder zurück in den Kreislauf von Geburt und Tod kommen.

6. ERNSTHAFTIGKEIT ODER GLAUBE (SRADDHA)

„Glaube ist für die Erkenntnis wesentlich." (Bhagavad Gita VI, 39)

Als ich vergangenen Juli den Ramanashram besuchte, sah ich einen Kommentar zu Sri Ramanas großem Werk Ulladu Narpadu (Die Vierzig Verse)[10] und wollte es mir kopieren, fand aber dazu nicht die Muße und ging wieder nach Hause, ohne es getan zu haben.

Als ich diesmal in den Ashram zurückkam, war das erste, mir ein Exemplar von Sri Bhagavan zu besorgen und es für mich abzuschreiben. Als Bhagavan mich mit solcher Ernsthaftigkeit (*sraddha*) schreiben sah und beobachtete, dass es mir einige Schwierigkeiten bereitete und anstrengend war, weil ich nicht gewohnt bin, auf dem Boden sitzend für lange Zeit zu schreiben, erzählte er zwei langjährigen Ashrambewohnern und einigen Besuchern die Geschichte von einem *Sannyasin* (einem Menschen, der der Welt entsagt hat und in Besitzlosigkeit lebt) und seinen Schülern, um ihnen zu veranschaulichen, was mit *sraddha* (Ernsthaftigkeit) gemeint ist.

Es war einmal ein Guru, der acht Schüler hatte. Eines Tages verlangte er von allen, seine Lehren aus seinem

---

[10] [in deutscher Übersetzung: Ramana Maharshi: Über die Wirklichkeit: 40 Verse mit Ergänzungsversen]

Notizbuch abzuschreiben. Einer von ihnen, der, bevor er der Welt entsagte, ein unbekümmertes Leben geführt hatte, konnte diese Abschrift nicht selber erledigen. Deshalb zahlte er einem Mitschüler einige Rupien und bat ihn, auch für ihn die Abschrift zu machen. Eines Tages prüfte der Guru die Abschriften und bemerkte, dass zwei in derselben Handschrift waren. Er bat seine Schüler um eine Erklärung. Sowohl derjenige, der die Abschrift gemacht hatte, als auch derjenige, für den er sie gemacht hatte, sagten die Wahrheit. Der Meister meinte, dass es zwar für den Schüler sehr wichtig sei, die Wahrheit zu sagen, dass das aber noch nicht genüge, ihn ans Ziel zu bringen. Auch Ernsthaftigkeit (*sraddha*) sei nötig, und da der Schüler, der seine Arbeit einem anderen aufgetragen hatte, sie nicht gezeigt habe, werde er von der Schülerschaft ausgeschlossen. Er meinte auch noch sarkastisch über die Bezahlung, dass die „Erlösung" teurer wäre und er sie lieber kaufen würde, als sich selbst der Schulung unter ihm zu unterwerfen. Mit diesen Worten entließ er den Schüler.

Die Langwierigkeit dieser Arbeit hätte mich davon abbringen können, das ganze Buch abzuschreiben, aber diese Geschichte gab mir Antrieb, sie zu vollenden und beständig und unablässig nach dem Ziel zu streben, wie es in diesen Versen aufgezeigt wird. Ich habe diese Geschichte niedergeschrieben, um andere Sucher zu ermutigen.

7. GEISTESKONTROLLE

„Der Geist allein ist die Ursache für die Bindung und Freiheit eines Menschen." (Amritabindu Upanishad)

Fr.: „Ich habe noch nicht gelernt, meinen Geist zu kontrollieren. Deshalb möchte ich in Nordindien ein einsames Leben führen (*ekantavasam*) und bitte dafür Bhagavan um seine Gnade."

B.: "Du bist wegen *ekantavasam* den ganzen Weg nach Tiruvannamalai gekommen. Doch sogar in der unmittelbaren Gegenwart und Nähe von Ramana Bhagavan bist du anscheinend nicht geistig still geworden. Jetzt willst du anderswo hingehen und dann wieder anderswo. Unter diesen Umständen wirst du endlos reisen. Du erkennst nicht, dass es dein Geist ist, der dich auf diese Weise antreibt. Bringe ihn unter Kontrolle. Dann wirst du überall glücklich sein, wo immer du auch bist.

Ich weiß nicht, ob du Swami Vivekanandas Vorträge gelesen hast. Ich habe in Erinnerung, dass er irgendwo die Geschichte eines Mannes erzählt hat, der versuchte, seinen eigenen Schatten zu begraben. Doch über jeder Schaufel Erde, die er in die Grube warf, die er zum Begraben des Schattens ausgehoben hatte, erschien er nur erneut, sodass er nie begraben werden konnte. So ist es auch mit einem Menschen, der versucht, seine Gedanken zu begraben. Man muss deshalb versuchen, an die Ursache zu gelangen, wo das

Denken entspringt, und dort das Denken, den Geist und das Verlangen ausreißen."

Fr.: "Wenn ich eine oder zwei Stunden auf jenem Berg verbringe, finde ich manchmal mehr Frieden als hier. Ein einsamer Ort ist wohl doch der Geisteskontrolle zuträglicher."

B.: „Das stimmt. Aber wenn du eine Stunde länger dort geblieben wärest, hättest du empfunden, dass auch dieser Ort dir nicht die Stille gibt, von der du sprichst. Kontrolliere den Geist, und selbst die Hölle wird für dich der Himmel sein. Alles andere Gerede über Einsamkeit, ein Leben im Wald usw. ist nur unnötiges Geschwätz."[11]

Fr.: „Wenn man nicht die Einsamkeit suchen und sein Zuhause verlassen muss, warum ist dann Sri Bhagavan mit siebzehn hierhergekommen?"

---

[11] "Die Menschen suchen beständig nach Rückzugsorten, sei es an Land oder am Meer oder in den Bergen. Aber du solltest nicht danach streben, denn das alles ist die reinste Torheit, da es dir in jeder Stunde freisteht, dich in dich selbst zurückzuziehen." (Marcus Aurelius)

„Wenn du hierhin oder dorthin läufst, wirst du doch keine Ruhe finden, sondern nur im demütigen Gehorsam unter der Führung eines Oberen. Das Schwärmen für Orte und der Wechsel des Wohnortes hat schon viele in die Irre geführt." (Thomas von Kempen: Die Nachfolge Christi)

B.: "Wenn dieselbe Kraft, die diesen hier (er meinte damit sich selbst) hergebracht hat, auch dich von Zuhause forttreibt, dann lass es unbedingt geschehen. Aber es bringt nichts, wenn du aus eigener Anstrengung von Zuhause fortgehst. Deine Pflicht liegt in der Übung, in der beständigen Übung der Selbstergründung."

Fr.: "Ist es nicht nötig, die Gesellschaft mit den Weisen und Heiligen (*sat-sangam*) zu suchen?"

B.: „Ja, aber das beste *sat-sangam* ist, in deinem Selbst zu bleiben. Es ist auch das wahre *guhavasam* (Leben in der Höhle). In der Höhle zu verweilen bedeutet, sich in sein Selbst zurückzuziehen. Die Gesellschaft mit den Weisen ist bestimmt sehr hilfreich."

Fr.: "Ich erlange dieselbe Gedankenstille, wenn ich das Mantra, das ich wiederhole, auf seinen Ursprung zurückverfolge, als wenn ich die Ergründung "Wer bin ich?" übe. Schadet es, wenn ich das Mantra auf diese Wese übe, oder soll ich nur die Frage „Wer bin ich?" gebrauchen?"

B.: "Nein, du kannst die Quelle jedes Gedankens oder Mantras nachverfolgen und es so lange tun, bis du eine Antwort auf deine Frage gefunden hast."

Fr.: "Was bewirkt *japa* oder das Wiederholen von Mantren?"

B.: „Umleitung. Der Geist ist für den schnellen Gedankenstrom wie ein Flussbett. Ein Mantra ist wie ein Wall oder Damm, der als Hindernis aufgebaut wird, um das Wasser dorthin zu lenken, wo man es braucht."

Fr.: "Einige Zeit nachdem das Denken still geworden war, hörte ich zunächst einen Ton wie der von einem Walzwerk und dann, ein wenig später, einen Ton wie der von einer Dampfmaschine. Das war nur so, wenn ich zuhause meditierte, aber hier höre ich den Ton die ganze Zeit, gleichgültig ob ich bei dir bin oder im Ashram umhergehe." (Bemerkung: Jetzt höre ich einen Ton wie der einer summenden Biene.)

B.: „Frage, wer den Ton hört. Wiederhole die Frage immer wieder."

8. KONTROLLE DES GEISTES IM UNTERSCHIED ZUR VERNICH- TUNG DES GEISTES

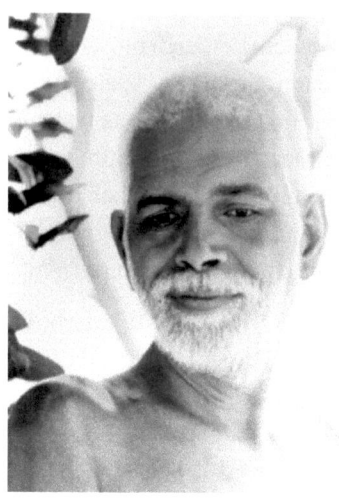

Fr.: „Wenn ich mit der Ergründung der Quelle, aus der das Ich entspringt, beschäftigt bin, erreiche ich einen Punkt, an dem der Geist still ist, aber ich komme dann nicht mehr weiter. Ich habe dann keinen Gedanken mehr, und da ist eine Inhaltslosigkeit, eine Leere. Da ist ein mildes, durchdringendes Licht, und ich spüre, dass ich es bin, im körperlosen Zustand. Weder nehme ich meinen Körper und seine Gestalt wahr noch sehe ich sie. Diese Erfahrung dauert fast eine halbe Stunde und ist angenehm. Ist es richtig, wenn ich daraus schließe, dass alles, was nötig ist, ewiges Glück (Freiheit oder Erlösung oder wie immer man es nennen möchte) zu erwerben, darin besteht, diese Übung fortzusetzen, bis man sie für Stunden, Tage oder Monate aufrechterhalten kann?"

B.: „Das ist es nicht, was Erlösung bedeutet. Diesen Zustand nennt man *manolaya* oder zeitweise Gedankenstille. *Manolaya* bedeutet Konzentration, das zeitweise Zur-ruhebringen der Gedankenbewegungen. Sobald diese Konzentration nachlässt, drängen wieder, wie üblich, alte und neue Gedanken herein. Und selbst wenn dieses zeitweise Einlullen des Geistes tausend Jahre andauern würde, würde es nie zur völligen Vernichtung des Denkens führen, was Erlösung oder Befreiung von Geburt und Tod genannt wird.

Der Übende muss deshalb immer auf der Hut sein und innerlich fragen, wer diese Erfahrung macht und seine Annehmlichkeit erlebt. Wenn er dies nicht ergründet, geht er in eine lange Trance oder einen Tiefschlaf (Yoga *nidra*) ein. Viele haben sich an diesem Punkt der spirituellen Übung täuschen lassen und sind einem falschen Gefühl von Erlösung zum Opfer gefallen, weil sie keinen geeigneten Führer hatten. Nur wenige wurden entweder durch den Verdienst guter Taten in ihren vergangenen Leben oder durch äußerste Gnade befähigt, das Ziel sicher zu erreichen."

Sri Bhagavan erzählte dann folgende Geschichte:

Ein Yogi hatte viele Jahre lang am Ufer des Ganges Entsagung (*tapas*) geübt. Als er einen hohen Grad an Konzentration erlangt hatte, glaubte er, dass er, wenn er lange Zeit in diesem Zustand bliebe, erlöst werden würde und übte sich darin. Eines Tages, bevor er in tiefe Konzentration ging, war er durstig und trug seinem Schüler auf, ihm Wasser vom Ganges zu bringen. Doch bevor der Schüler mit dem Wasser zurückkehrte, war er in *samadhi* versunken und blieb viele Jahre lang in diesem Zustand. In dieser Zeit veränderte sich viel. Als er aus dieser Erfahrung erwachte, war das erste, worum er bat: „Wasser! Wasser!" Aber weder war sein Schüler in Sicht noch der Ganges.

Er bat als erstes um Wasser, weil „Wasser" die oberste Schicht seiner Gedanken gewesen war, bevor er in tiefe Konzentration fiel. Durch die Konzentration, wie tief und lang sie auch gewesen sein mag, war er nur zeitweise seine Gedanken losgeworden. Und als er wieder zu Bewusstsein kam, brach dieser vordergründige Gedanke mit aller Schnelligkeit und Macht hervor wie die einer Flut, die die Deiche durchbricht. Wenn das mit einem Gedanken so ist, der direkt bevor er sich zur Meditation hinsetzte, Gestalt angenommen hat, dann besteht kein Zweifel darüber, dass Gedanken, die sich bereits früher tiefer in ihm verwurzelt haben, nicht vernichtet wurden. Wenn die

Vernichtung von Gedanken Erlösung bedeutet, kann man dann von ihm sagen, dass er sie erlangt hat?

Übende (*sadhakas*) verstehen selten den Unterschied zwischen diesem zeitweiligen Stillen des Geistes (*manolaya*) und der dauerhaften Vernichtung von Gedanken (*manonasa*). In *manolaya* sind die Gedankenwellen vorübergehend untergegangen. Doch selbst wenn diese Zeit tausend Jahre andauern würde, würden die Gedanken, die auf diese Weise nur eine Zeit lang gestillt sind, wieder hervorbrechen, sobald *manolaya* aufhört.

Man muss deshalb seinen spirituellen Fortschritt sorgfältig beobachten und darf nicht zulassen, dass man von diesem Zauber der Gedankenstille überwältigt wird. In dem Augenblick, in dem man sie erfährt, muss man sein Bewusstsein beleben und im Innern fragen, wer diese Stille erfährt. Während man keinem Gedanken erlaubt einzudringen, darf man zugleich nicht von diesem Tiefschlaf (Yoga *nidra*) oder dieser Selbsthypnose übermannt werden.

Obwohl das ein Zeichen des Fortschritts auf das Ziel hin ist, ist es auch der Punkt, an dem sich der Weg zur Erlösung von dem zum Yoga *nidra* scheidet. Der leichte und direkte Weg, die direkteste Abkürzung zur Erlösung ist die Methode der Ergründung. Durch die Ergründung treibst du die Gedankenkraft tiefer, bis sie ihre Quelle erreicht und in ihr untergeht. Dann kommt die Antwort von innen, und du wirst erkennen, dass du dort ruhst. Alle Gedanken sind dann ein für alle Mal vernichtet.

Diese zeitweise Gedankenstille stellt sich im Verlauf der Übung von selbst ein. Sie ist ein eindeutiges Zeichen dafür, dass man Fortschritte macht, aber die Gefahr liegt darin, dass man sie für das endgültige Ziel der spirituellen Praxis hält und sich so täuschen lässt. Es ist genau hier, dass ein spiritueller Führer nötig ist. Er spart dem Sucher viel Zeit und Energie, die andernfalls fruchtlos verloren geht.

Ich erkannte nun, dass ich diese wichtige Lektion zum rechten Zeitpunkt meines Fortschritts erhalten hatte, dass ich, ohne mir dessen bewusst zu sein und gegen meinen Willen, zu Sri Ramana geführt worden war, indem sich mein Vorgesetzter eingemischt hatte. Ich war genau dort angekommen, wo sich der Weg gabelt, wobei der eine Weg zur Vernichtung des Denkens (Erlösung) führt und der andere zu Yoga *nidra* (dem verlängerten Tiefschlaf). Ich brauchte zu diesem Zeitpunkt jemand, der mir den Weg zeigte, oder ein Straßenschild, das notwendigerweise die Gestalt eines persönlichen Gurus, einer verwirklichten Seele haben musste. Vielleicht war ich durch Verdienste in meinen vergangenen Geburten und ohne einen besonderen Verdienst in dieser Geburt zu solch einer verwirklichten Seele in der Person von Sri Ramana geführt worden, um diese Anweisungen von ihm zu erhalten. Vielleicht wäre ich sonst auf dieselbe Weise im Dunkeln getappt wie der Weise am Ufer des Ganges in der Geschichte.

Folgende Tabelle kann das vielleicht illustrieren:

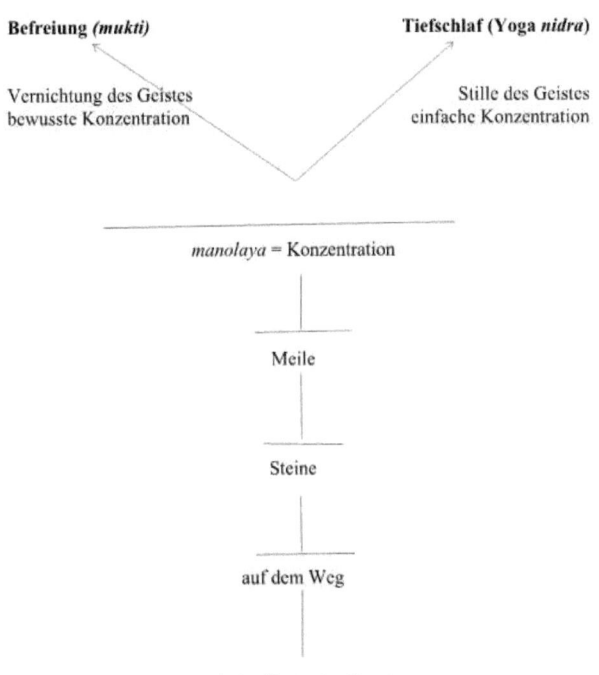

Befreiung *(mukti)*

Vernichtung des Geistes
bewusste Konzentration

Tiefschlaf (Yoga *nidra***)**

Stille des Geistes
einfache Konzentration

manolaya = Konzentration

Meile

Steine

auf dem Weg

yogische Übung (*sadhana*)

9. SELBSTVERWIRKLICHUNG

F.: „Kann ich Erkenntnis des Selbst erlangen, d.h. kann ich das Selbst direkt erfahren?"

B.: „Warum? Wen gibt es, der das Selbst nicht erkennt? Jeder erfährt das Selbst."

F.: „Aber ich erkenne es nicht."

B.: „In Wirklichkeit erkennst du die ganze Zeit das Selbst. Wie kann man das Selbst nicht erkennen? Du hast es dir nur angewöhnt zu denken, dass du dies bist, dass du das bist und jenes. Es ist die falsche Ich-Wahrnehmung, die jetzt die verkehrte Ich-Vorstellung (*viparita bhavana*) hervorbringt oder erzeugt, und deshalb sagst du, dass du das Selbst nicht erkennst. Du musst diese falsche Wahrnehmung des Selbst loswerden. Das macht dann die Selbsterkenntnis oder Selbstverwirklichung klar."

F.: „Wie kann ich dieses *viparita bhavana* loswerden? Kann ein gewöhnlicher Mensch davon frei werden? Wenn ja, wie?"

B.: „Ja, das ist möglich, und es geschieht. Es gibt viele Wege: Man kann den Weg der Verehrung (*Bhakti*), der Erkenntnis (*Jnana*), des Handelns (*Karma*), des Yoga usw. üben, um dieses *viparita bhavana* zu beseitigen. Aber der Hauptweg ist einfach."

F.: „Aber ich kenne die Methode und das Selbst nicht."

B.: „Wer kennt was nicht? Stelle dir die Frage, wer es ist, der unwissend ist, und gehe ihr nach. Wenn du einmal die Frage stellst und versuchst, das Ich zu ergründen, verschwindet es. Was dann überlebt, ist Selbsterkenntnis oder Selbstverwirklichung."

F.: „Aber wie komme ich an es heran? Brauche ich dazu nicht die Hilfe eines Gurus? Brauche ich nicht Gottes Hilfe?"

B.: „Wozu? In der Übung findet all das Anwendung. Aber bei der endgültigen Ergründung, d.h. nachdem man das Ziel erreicht hat, erkennt man, dass die angewandten Methoden und Mittel selbst das Ziel sind. Schließlich stellt sich heraus, dass der Guru letzten Endes Gott ist und Gott dein eigenes, wahres Selbst."

F.: „Aber ist nicht die Gnade des Gurus oder Gottes nötig, damit man mit der Ergründung (*vichara*) Erfolg hat?"

B.: „Ja, aber die Ergründung, die du übst, ist die Gnade des Gurus oder Gottes."

F.: „Ich bitte um deine Gnade."

Der Maharshi schwieg eine Zeit lang und machte damit deutlich, dass allein seine stille Gegenwart im immerwährenden *samadhi* (*sahaja*) eine beständige Hilfe ist, mit der der Sucher seinen spirituellen Durst stillen kann. Dann sagte er: „Mach mit der Ergründung weiter."

F.: „Wie? Ich weiß nicht, wie ich damit weitermachen soll."

B.: „Wer weiß es nicht? Du sagst ‚ich', und doch behauptest du, das Ich nicht zu kennen. Kann denn irgendjemand sich selbst nicht kennen? Ist das nicht lächerlich? Wenn es etwas anderes zu erlangen oder zu wissen gäbe, dann könntest du Schwierigkeiten haben, es zu erlangen oder zu erkennen. Aber wie kannst du im Fall des ewig gegenwärtigen, unentrinnbaren Ichs unwissend sein? Du musst beständig gegen deine falsche Wahrnehmung des Ichs ankämpfen und sie loswerden. Tu das."

F.: „Ist dafür nicht die Hilfe des Gurus nötig und nützlich?"

B.: „Ja, um dich dazu zu bewegen, mit der Ergründung zu beginnen. Aber du selbst musst Ergründung üben."

F.: „Bis zu welchem Grad kann ich dabei auf die Gnade des Gurus bauen? Bis zu welchem Punkt muss ich mit der Ergründung fortfahren?"

B.: „Du musst mit der Zerstörung der falschen Vorstellung durch die Ergründung so lange weitermachen, bis deine letzte falsche Wahrnehmung zerstört ist, bis das Selbst verwirklicht ist."

F.: „Wie kann ich anderen helfen?"

B.: „Wer will wem helfen? Wer ist das Ich, das anderen helfen will? Kläre zuerst diesen Punkt, dann wird alles andere sich erübrigen."

F.: „Muss ich nicht um Gottes (Ishwaras) Hilfe bei meinem Bemühen beten und ihn verehren? Ist das nicht hilfreich?"

B.: „Gottes (Ishwaras) Gnade, Verehrung usw. sind Zwischenschritte, die so lange nötig sind, als das Ziel nicht erreicht ist. Wenn das Ziel erreicht ist, ist Gott das Selbst."

F.: „Welche einzelnen Schritte helfen?"

B.: „Das hängt von den jeweiligen Umständen ab."

F.: „Welcher Weg passt am besten zu mir? Kommt nicht jede Hilfe von Gott?"

B.: „*Bhakti, Karma, Jnana* und Yoga, alle diese Wege sind eins. Du kannst weder Gott lieben, ohne ihn zu kennen, noch ihn kennen, ohne ihn zu lieben. Liebe manifestiert sich in allem, was du tust, und das ist der *Karma*-Weg. Die Entwicklung der geistigen Wahrnehmung (Yoga) ist die nötige Vorbereitung, bevor du Gott in der richtigen Weise erkennen oder lieben kannst."

F.: „Soll ich immerfort denken: ‚Ich bin Gott'?" Ist das die richtige Übung?"

B.: „Wozu solltest du das denken? Tatsächlich bist du Gott. Aber wer denkt denn beständig oder sagt: ‚Ich bin ein Mensch, ich bin ein Mensch'? Müsstest du irgendeinem gegensätzlichen Gedanken, zum Beispiel ein Tier zu sein, widersprechen, dann müsstest du natürlich sagen: ,Ich bin ein Mensch.' Insoweit man die falsche Wahrnehmung je nach der irrigen Vorstellung, dass man dies oder das sei, vernichten will, kann man der Vorstellung, dass man nicht dies ist, sondern Gott oder das Selbst, nachhängen. Es ist eine Übung. Aber wenn die Übung vorbei ist, ist das Ergebnis kein solcher Gedanke (wie etwa: ,Ich bin Gott'), sondern nur Selbstverwirklichung. Sie ist jenseits konzeptioneller Gedanken."

F.: „Gibt nicht der allliebende, allwissende und allmächtige Gott alles, was der Mensch zur Verwirklichung braucht?"

Der Gedanke des Fragers war: „Sollen wir immer von den Launen eines Gurus abhängig sein, wie groß er auch sein mag? Wenn ja, wo bleibt da die Freiheit des Selbst und die Selbständigkeit?"

Schnell und treffsicher wie ein Pfeil kam seine Antwort, als verstünde er die inneren Schwierigkeiten des Fragers besser als er selbst. „Glaube nicht, dass dieser Körper der Guru ist." Damit deutete er auf sich selbst.

F.: „Ich befürchte, dass Selbstverwirklichung nicht leicht zu erlangen ist."

B.: „Warum hältst du dich selbst zum Narren, indem du vorgreifst und glaubst, dein Weg sei zum Scheitern verurteilt? Mach weiter! Hier bist du. Die Selbstverwirklichung wird sich bei einem ernsthaften Sucher im Nu einstellen."

Die Geschichte von Janaka

Um das zu illustrieren, erzählte Sri Bhagavan einmal folgende Geschichte:

Der Staats-Gelehrte (Pandit) las König Janaka eine philosophische Abhandlung vor. Darin gab es einen Abschnitt, der besagte, dass ein Reiter, der einen Fuß in den Steigbügel gestellt hat und dabei über die Verwirklichung nachdenkt, sie erlangen kann noch bevor er seinen anderen Fuß in den zweiten Steigbügel stellt, d.h. dass die Verwirklichung plötzlich und schnell kommt. Der König wies den Pandit an, nicht weiterzulesen, und wollte, dass er ihm diese Behauptung beweise. Der Pandit bekannte, dass er nur ein Theoretiker sei und kein praktisches Wissen weitergeben könne. Janaka behauptete, dass der Text entweder falsch oder übertrieben sei, aber der Pandit ließ das nicht gelten. Obwohl er nicht in der Lage war, praktische Weisheit weiterzugeben, behauptete er, dass der Text nicht falsch oder übertrieben sein könne, da es sich um die Worte der Weisen der Vergangenheit handelte. Janaka ärgerte sich über den Pandit und verurteilte ihn in seinem Wutanfall zum Gefängnis. Für jeden anderen Pandit, der als Weiser galt, diesen Schrifttext aber nicht beweisen konnte, verhängte er dieselbe Strafe.

Aus Angst vor dem Gefängnis verließen einige Gelehrte das Land und gingen freiwillig ins Exil. Als zwei oder drei von ihnen durch einen dichten Wald flohen, trafen sie auf einen Weisen, der acht Missbildungen von Brüchen an Armen und Beinen hatte und deshalb Ashtavakra (*ashta* = acht und *vakra* = Brüche) genannt wurde. Als er von ihrer Notlage erfuhr, bot er an, dem König den Text zu erklären und die gefangenen Gelehrten frei zu bekommen. Beeindruckt von seiner kühnen Behauptung brachten sie ihn zum König.

Als der König den Weisen sah, erhob er sich und grüßte ihn mit großer Ehrerbietung. Ashtavakra befahl ihm, alle Gelehrten freizulassen. Janaka dachte, dass solch ein befehlsmäßiger Vorschlag nur von einem kommen könne, der in der Lage war, seine Zweifel zu beseitigen, und er ließ alle frei.

Der König und Ashtavakra begaben sich dann in einen nahegelegenen Wald. Janaka stellte einen Fuß in den Steigbügel seines Pferds und forderte Ashtavakra auf, die Richtigkeit des spirituellen Textes zu beweisen. Der Weise fragte ihn, ob die Beziehung, in der sie zueinander stünden, die von Meister und Schüler sei. Janaka verstand, was diese Frage bedeutete, stieg vom Pferd wieder ab, verneigte sich vor Ashtavakra und bat ihn um seine Unterweisung.

Ashravakra erklärte ihm, dass ein Schüler sich selbst, seinen Besitz und alles seinem Meister übergeben müsse, bevor er in *Brahma Jnana* (in der Erkenntnis *Brahmans*) unterrichtet werden könne. Janaka gab alles hin. Dann sagte Ashtavakra: „Nun gut!" Da war Janaka plötzlich wie benommen und stand zur Säule erstarrt da. Ashtavakra aber verschwand.

Die Zeit verging. Die Städter, die Janaka zurücker-warteten, fanden keinen Hinweis, dass er auf dem Heimweg war. Sie bekamen Angst und machten sich nach ihm auf die Suche. Schließlich kamen sie an den Ort, wo Janaka immer noch stand, und waren über-rascht und erschrocken darüber, dass er sie nicht be-merkte und nicht auf ihre ernsthaften Fragen reagier-te. Also suchten sie Ashtavakra, der, wie sie dachten, ein Scharlatan sein musste und ihren König verzau-bert hatte, und schworen ihm Rache. Da sie um den Zustand des Königs besorgt waren und sich um ihn kümmern wollten, brachten sie ihn in einer Sänfte in die Stadt. Sein Zustand veränderte sich aber nicht.

Die Minister flehten Ashtavakra an, den angeblichen Zauber vom König zu nehmen und ihn in seinen normalen Zustand zurückzuversetzen. Gleichzeitig lasteten sie ihm aber an, den Zauber bewirkt zu ha-ben. Ashtavakra achtete nicht auf ihre unwissenden Vorwürfe und sprach Janaka an, der ihn sofort grüßte und antwortete. Die Minister waren überrascht. Ash-tavakra erzählte dem König, dass er von den Leuten böswillig beschuldigt werde, ihn in diese missliche

Lage gebracht zu haben, und forderte ihn dazu auf, wieder normal zu reagieren. Er fügte noch hinzu, dass nur fähige Personen in *Brahma Jnana* unterrichtet werden könnten, und da er den Test bestanden habe, er ihn nun unterrichten werde. Dann dichtete er die Ashtavakra Gita, deren Hauptaussage ist: „*Brahman* ist weder etwas Neues oder von einem Getrenntes, noch ist eine bestimmte Zeit oder ein bestimmter Ort nötig, um *Brahman* zu verwirklichen." Er schloss mit den Worten: „'Tat Twam Asi' bedeutet ‚Das bist du'. Das ist das Selbst, das ewig und unendlich ist."

Am nächsten Morgen waren die Minister Zeugen, wie der König seine Versammlung einberief und seine Aufgaben wie üblich übernahm. Ashtavakra fragte in der Versammlung, ob sein früherer Zweifel darüber, dass *Brahma Jnana* so plötzlich und schnell erlangt werden könne wie es in den Schriften heißt, geklärt sei, und wenn ja, man das Pferd herbeibringen und die Wahrheit vorführen möge. Der König war jetzt sehr demütig und antwortete: „Herr, weil ich unreif war, habe ich die Richtigkeit des Schrifttextes bezweifelt. Ich erkennen nun, dass jeder Buchstabe davon stimmt." OM! OM!! OM!!! Die Minister dankten dem Weisen.

10. HINDERNISSE UND HATHA YOGA

F.: „Von Leuten, die meditieren, heißt es, dass sie neue Krankheiten bekommen. Jedenfalls habe ich Schmerzen im Rücken und auf der Brust. Es heißt, das sei eine Prüfung Gottes. Kann Bhagavan mir das erklären und sagen, ob es stimmt?"

B.: „Es gibt keinen Bhagavan außerhalb von dir und deshalb auch keine Prüfung. Was du für eine Prüfung oder neue Krankheit hältst, die von der spirituellen Praxis herrührt, ist in Wirklichkeit die Anspannung, die auf deinen Nerven und den fünf Sinnen lastet. Der Geist, der bislang durch die Nervenbahnen (*nadis*) gewirkt hat, um äußere Objekte wahrzunehmen, und somit eine Verbindung zwischen sich und den Wahrnehmungsorganen aufrechterhalten hat, muss sich jetzt von dieser Verbindung zurückziehen. Dieses Zurückziehen bewirkt natürlicherweise Anspannung, was von Schmerz begleitet wird, den die Leute als Krankheit oder vielleicht als eine Prüfung Gottes bezeichnen. Das geht alles vorüber, wenn du weiter meditierst und dein Denken einzig auf das Verständnis deines Selbst oder die Selbstverwirklichung richtest. Es gibt kein besseres Heilmittel als dieses fortdauernde Yoga oder die Vereinigung mit Gott oder dem *Atman*. Es muss Schmerz geben, wenn du deine seit langem angehäuften *vasanas* (Neigungen, Tendenzen des Geistes) ablegst."

F.: „Vom Hatha Yoga heißt es, dass es Krankheiten wirksam vertreibt, und es wird deshalb als eine nötige Vorbereitung für *Jnana* Yoga empfohlen."

B.: „Sollen jene, die Hatha Yoga verfechten, es üben. Es ist nicht meine Erfahrung. Alle Krankheiten werden effektiv durch die beständige Selbstergründung vernichtet."

F.: „Was ist mit der Atemkontrolle (*pranayama*)?"

B.: „Was soll damit sein? Obwohl ich nicht von einatmen (*purakam*), ausatmen (*rechakam*) und den Atem anhalten (*kumbhakam*) sowie vom entsprechenden zeitlichen Verhältnis von Ein- und Ausatmen und Anhalten des Atems spreche,[12] habe ich doch gesagt, dass man sie üben kann. Geist und Lebensatem entspringen aus derselben Quelle. Wenn du den Strom des einen anhältst, hältst du damit automatisch auch den anderen an. Geisteskontrolle ist leichter als Atemkontrolle. Letzteres ähnelt dem gewaltsamen Melken einer Kuh, ersteres dem Schmeicheln einer Kuh, indem man sie mit Gras füttert und auf den Rücken tätschelt."

Sri Bhagavan erzählte eines Tages, als er über Hatha Yoga sprach, eine Anekdote aus dem Leben von Prabhulinga.

---

[12] [Im Hatha Yoga betragen die zeitlichen Verhältnisse z.B. 1 (einatmen): 4 (Anhalten des Atems): 2 (ausatmen).]

Prabulinga, der Gründer der Lingayat-Sekte (die v.a. im Mysore-Distrikt verbreitet ist), reise durch das Land, um die spirituell Gesinnten zu erbauen. In Gokarnam (einem berühmten hinduistischen Pilgerort an der Westküste Indiens, wenige Meilen südlich von Goa gelegen) traf er den berühmten Yogi Gorakhnath. Der Yogi hieß ihn respektvoll willkommen, war aber stolz auf seine außergewöhnlichen Kräfte über die Elemente, über die er verfügte. Er betrachtete seinen Gast mehr oder wenig als gleichrangig, sagte, er freue sich über die Begegnung mit ihm, und fragte ihn, wer er sei.

Prabhulinga antwortete, nur jemand, der sein Ich völlig vernichtet und sich selbst verwirklicht habe, könne wissen, wer er sei, und er würde sich fragen, was er einer Person, die an ihrem vergänglichen Körper festhielt, sagen könne.

Gorakhnath, der seinen Körper mit dem Selbst identifizierte, antwortete: „Nur wer die Unsterblichkeit des Körpers durch die Gunst Shivas erlangt hat und Gulika[13] gegessen hat, wird niemals sterben. Wer keine solche Unsterblichkeit erlangt hat, der stirbt."

---

[13] Gulika ist ein Heilkraut, das auf dem Sahyadri-Gebirge in der Nähe von Gokarnam wachsen soll. Einige behaupten, der berühmte heilige Xaver, dessen in Goa bestatteter Leichnam immer noch nicht verwest ist, habe es eingenommen. Dem Kraut wird die Eigenschaft zugeschrieben, den Körper zu energetisieren und ihn viele hundert Jahre vor der Verwesung zu bewahren.

Prabu meinte: „Du sprichst so, als sei die Existenz in einem unvergänglichen Körper deine wahre Existenz und der Tod des Körpers dein Tod. Offenbar glaubst du, dass der Körper dein Selbst sei. Du gleichst den ignoranten Massen und bist nicht besser als ein Unwissender, obwohl du ein berühmter *Siddha* (großer Weiser, ein Mensch mit Wunderkräften) und Yogi bist. Wenn du der Körper bist, warum sagst du dann ‚mein Körper‘? Jeder spricht von seinen Besitztümern als ‚meine Kleider, mein Gold‘ usw. Sag, identifiziert sich denn jemand mit der Kleidung oder dem Gold, indem er sagt: ‚Ich bin die Kleidung. Ich bin das Gold‘?"

Gorakh erwiderte: "Die Menschen sagen: 'Ich denke, ich gehe' usw. Bitte erkläre mir, was das Ich in diesen Fällen bedeutet?"

Prabhu: „'Ich denke' bedeutet, dass das Ich mit der Fähigkeit zu denken verbunden wird. Ähnlich ist es in den anderen Fällen wie etwa bei der Verbindung des Ichs mit dem Körper und den Sinnen. Wenn aber die entsprechenden Fähigkeiten bedeuten, dass ich mit ihnen identisch bin, wie viele ‚Ichs‘ gibt es dann? Du verwechselst eine Überlagerung mit der Wirklichkeit."

Gorakh bat Prabhu, ihm zu erklären, was damit gemeint sei, wenn man sagt: "Ich verliere mein Leben." „Gibt es ein Leben, das ein anderes verlieren kann?"

Prabu antwortete: „Mit Leben ist der Lebensatem gemeint, während auch das Selbst im übertragenen Sinn als Leben bezeichnet wird. Warum suchst du deinen eigenen Untergang, indem du dich mit dem vergänglichen Körper aus Fleisch, Blut, Knochen, Fett usw. identifizierst, obwohl es in den Schriften heißt, dass das Selbst Sein, Erkenntnis und Seligkeit ist? Einer, der des Körpers überdrüssig ist, da er für die endlose Wiederholung der Geburten und Tode verantwortlich ist, ist fest entschlossen, Freiheit zu erlangen. Er betrachtet diesen Körper mit demselben Ekel wie jemand, der unbeabsichtigt in einen widerlichen Abfall auf dem Weg getreten ist.

Während die Weisen zu Shiva beten, sie davon zu befreien, wieder einen Körper annehmen zu müssen, wie ein Mensch seine Arznei einnimmt, um sich ein für alle Mal von einer Krankheit zu befreien, ist es da nicht erstaunlich, dass du den Körper durch göttliche Gunst ewig erhalten willst? Ist das nicht so, als würde ein Kranker Medizin einnehmen, um seine Krankheit zu verlängern? Wurde denn jemals ein solch herrlicher Körper geboren, der dem Tod nicht begegnet ist? Es gibt keinen einzigen Fall, dass ein Stein, der in die Höhe geworfen wurde, nicht wieder auf die Erde gefallen wäre. So muss auch alles, was einen Anfang hat, irgendein Ende haben. Nur etwas, das nicht geboren wurde, kann ohne den Tod bestehen.

Du hast die Unsterblichkeit deines Körpers auf Drogen und göttliche Gunst gebaut und auf nichts weiter als auf der Annahme, dass du unaufhörlich mit diesem Körper leben wirst. Diese Annahme ist unhaltbar. Oh du, der du groß darin bist, Entsagung zu üben, wünsche dir wenigstens nach diesem Leben Befreiung."

Doch Gorakh ließ sich nicht überzeugen und wich nicht einen Millimeter von seinem Standpunkt ab. Er forderte Prabhu heraus zu versuchen, seinen Körper entzweizuhauen, und händigte ihm ein langes, glänzendes, scharfes Schwert aus. Weder konnte sein Körper entzweigehauen werden, noch war Gorakh in der Lage, Prabhu im Geringsten zu verletzen, als die Reihe an ihn kam und Prabhu ihn herausforderte, obwohl Gorakh sich auf seine Kraft und seine Beziehungen berief. Gorakh staunte, erkannte Prabhus Überlegenheit an und bat ihn, ihn in der Erkenntnis *Brahmans* (*Brahma Vidya*) zu unterweisen.

Prabhu erklärte ihm *Brahma Vidya* folgendermaßen: „Gorakh, halte deinen Körper nicht für dein Selbst. Suche den, der darin wohnt (den Bewohner der Herzenshöhle), und du wirst ein für alle Mal die Krankheit von Geburt und Tod los. Die Höhle ist nichts anderes als dein Herz. Den, der darin wohnt, nennt man Gott und ‚Ich bin Das.'"

11. TRAUM, TIEFSCHLAF UND SAMADHI

F.: „Wie kann man die Träume kontrollieren?"

B.: „Wer sie im Wachzustand (*jagrat*) kontrollieren kann, kann sie auch im Schlaf kontrollieren. Träume sind nur Eindrücke aus dem Wachzustand, die im Traum erinnert werden (d.h. im Halbschlaf, der sich vom Tiefschlaf, *sushupti*, unterscheidet)."

Der Frager erwiderte, wobei er sich auf seine Träume bezog: „Ich verstehe nicht, was sie sind. Ich träume von großen Gestalten mit Affengesichtern."

B.: „Das Selbst ist nicht begrenzt. Es ist der Geist, der eine begrenzte Gestalt hervorbringt. Das, was eine Gestalt annimmt, ist der Geist. Er lässt andere als Gestalten entstehen. Die wirkliche Begrenzung ist im Geist. Der Geist unterscheidet sich nicht vom Höchsten Sein. Ein goldenes Schmuckstück ist kein Gold an sich, aber es unterscheidet sich auch nicht vom Gold. Der Geist ist eine wundersame und geheimnisvolle Kraft (*shakti*) des Höchsten Seins.

Erst wenn sich der Geist erhoben hat, erscheinen Gott, Welt und Individuen (*jivas*), während wir uns im Tiefschlaf keinem der drei gewahr sind. Das ist die geheimnisvolle Kraft Gottes. Doch obwohl wir uns ihrer im Tiefschlaf nicht gewahr sind, wissen wir trotzdem, dass wir auch in ihm existieren. Wenn der Geist sich erhebt, wachen wir auf. Bewusstsein und

Bewusstlosigkeit beziehen sich nur auf den Geist. Im Wachzustand identifizieren wir uns mit dem Geist. Wenn wir jetzt das wahre Selbst hinter dem Geist finden, dann sind wir diese Begrenzungen los. Welche Begrenzungen gibt es im Tiefschlaf?"

F.: „Keine, deren ich mir bewusst bin."

B.: „Das, was sagt: ‚Ich war im Tiefschlaf nicht bewusst', ist ebenfalls der Geist. Im Tiefschlaf bist du eins mit dem wahren Selbst. Das, was in der Zwischenzeit auftaucht, verschwindet auch wieder. Das Selbst bleibt immer bestehen, sei es im Tiefschlaf, im Traum oder im Wachzustand. Es ist das Substrat sowohl des Wachzustands als auch des Tiefschlafs. Die verschiedenen Zustände von Traum, Tiefschlaf und Wachen gehören nur dem Geist an. Trance und Bewusstlosigkeit gehören ebenfalls nur dem Geist an. Sie betreffen das Selbst nicht."

F.: „Will der Meister damit sagen, dass es keinen Unterschied zwischen dem Dichter, Künstler, Angestellten, Ingenieur usw. gibt?"

B.: „Der Unterschied besteht nur im Geist. Je nach Veranlagung eines jeden gibt es Unterschiede. Aufgrund ihrer Neigungen (*vasanas*) sind nicht zwei Individuen gleich. Der unwissende Geist ist wie eine Fotoplatte, die Bilder von Dingen, wie sie erscheinen, aufnimmt, während der Geist des weisen Mannes wie ein klarer Spiegel ist."

F.: „Ist der Meister hier?"

B.: „Wer ist der Meister? Du glaubst, hier ist ein Meister. Du siehst den Körper des Meisters, aber wie nimmt sich der Meister selbst wahr? Er ist das Selbst oder *Atman*. Er sieht jeden als sich selbst. Nur wenn es eine von ihm getrennte Welt gibt, kann er sie sehen. Wenn sich das Selbst mit der Welt identifiziert, wo ist die Welt dann? Es gibt keine Schöpfung, keine Zerstörung und keine Erhaltung. Das, was ist, ist immer das Selbst, *Atman*. Diese Dinge erscheinen entsprechend des jeweiligen Standpunkts, je nach Reife des Geistes. Wenn du immer weiter fortschreitest, entstehen diese Zweifel nicht mehr.

Das, was existiert, ist Bewusstsein. Bewusstsein und Existenz unterscheiden sich nicht voneinander. Existenz ist dasselbe wie Bewusstsein, reines Bewusstsein, absolutes Bewusstsein. Du sagst: ‚Ich bin mir meines Körpers bewusst' usw., aber das reine Bewusstsein überschreitet das alles. Es ist absolutes Bewusstsein. Es gibt keinen Übergang vom Unbewusstsein zum höchsten, reinen Bewusstsein. Gib diese beiden, Selbstbewusstsein und Unbewusstsein, auf, und du wohnst dem natürlichen Bewusstsein inne, das reines Bewusstsein ist."

F.: „Es heißt, dass die Existenz der Welt falsch sei, eine Illusion, *maya*, aber wir sehen die Welt Tag für Tag. Wie kann sie da falsch sein?"

B.: „Mit ‚falsch' ist gemeint, dass die Vorstellung von der Welt eine Überlagerung der Wirklichkeit ist, wie die Vorstellung einer Schlange in der Dunkelheit

(Unwissenheit) der Wirklichkeit des Seils überge-
stülpt wird. Das ist *maya*, Illusion."

F.: „Was ist *maya*, Illusion?"

B.: „Wenn man Eis sieht, ohne zu erkennen, dass es
Wasser ist, ist das eine Illusion, *maya*. Wenn man
deshalb von Dingen spricht wie den Geist zu töten
oder ähnliches, bedeutet das nichts, denn trotz allem
ist der Geist ein wesentlicher Bestandteil des Selbst.
Im Selbst zu ruhen oder zu wohnen ist Befreiung
(*mukti*) und bedeutet, *maya* loszuwerden. *Maya* ist
keine getrennte Wesenheit. Die Abwesenheit von
Licht nennt man Dunkelheit. Ebenso wird die Abwesenheit von Erkenntnis, Erleuchtung usw. Unwissenheit, Illusion oder *maya* genannt."

F.: „Was ist *samadhi*?"

B.: „Wenn der Geist in Gemeinschaft mit dem Selbst
in der Dunkelheit ist, nennt man das Tiefschlaf
(*nidra*), d.h. das Schwinden des Geistes in Unwissenheit. Das Schwinden des Geistes in einem bewussten
oder wachen Zustand nennt man *samadhi*. *Samadhi*
ist beständiges Innewohnen im Selbst im Wachzustand. Tiefschlaf (*nidra*) ist auch Innewohnen im
Selbst, aber in einem unbewussten Zustand. Im
sahaya samadhi dauert die Gemeinschaft an."

F.: „Was sind *kevala nirvikalpa samadhi* und *sahaja
nirvikalpa samadhi*?"

B.: „Das Schwinden des Geistes im Selbst, aber ohne dass der Geist zerstört wird, ist *kevala nirvikalpa samadhi*. Dabei gibt es vier Hindernisse, nämlich das Hin- und Herpendeln des Geistes, des Lebensatems (*prana*), des Körpers und der Sichtweise (*drishti*).

Im *kevala nirvikalpa samadhi* ist man nicht frei von Neigungen (*vasanas*) und erlangt deshalb nicht die Befreiung (*mukti*). Nur wenn die *samskaras* (Veranlagungen zu Neigungen) vernichtet worden sind, kann man Erlösung erlangen."

F.: „Wann kann man *sahaja samadhi* üben?"

B.: „Von Anfang an. Selbst wenn man jahrelang *kevala nirvikalpa samadhi* geübt hat, wird man nicht die Befreiung erlangen, wenn man seine *vasanas* nicht ausgemerzt hat."

F.: „Die Leute sagen, dass selbst ein *Jnani* (Befreiter) nicht frei von den Wirkungen des jetzigen Karmas (*prarabdha*) sei."

B.: „Ja, es sieht für andere so aus, als würde er die Wirkungen seines Karmas erdulden. Er isst wie sie, schläft und leidet an den Krankheiten des Körpers. Diese Nachwirkungen sind wie bei einem Schwungrad, dessen Motor soeben ausgeschaltet wurde und das noch weiterschwingt. Aber der Weise wird weder davon berührt noch denkt er, dass er dadurch Freude und Leid erfährt, da er kein Empfinden hat, der Handelnde zu sein."

12. VERZICHT UND ENTHALT-SAMKEIT

F.: „Ich möchte gern meine Arbeit aufgeben und beständig bei Sri Bhagavan bleiben."

B.: „Bhagavan ist immer bei dir, in dir. Du selbst bist Bhagavan. Um das zu erkennen, ist es weder nötig, deine Arbeit aufzugeben noch von Zuhause fortzulaufen. Entsagung bedeutet nicht, sich den Sitten, Familienbanden, dem Zuhause usw. zu entziehen, sondern den Wünschen, Zuneigungen und Bindungen zu entsagen. Es ist nicht nötig, dass du deine Arbeit aufgibst, aber übergib dich Ihm, der die Bürden von allen trägt.

Wer den Wünschen usw. entsagt, verschmilzt mit der Welt und dehnt seine Liebe auf das ganze Universum aus. Die Ausdehnung von Liebe und Zuneigung ist eine viel bessere Beschreibung für einen wahren Gottesverehrer als Entsagung, denn wer den unmittelbaren Bindungen entsagt, dehnt die Bindungen von Zuneigung und Liebe auf eine weitere Welt jenseits der Grenzen von Kaste, Religion und Rasse aus.

Ein *Sannyasin*, der seine Kleider weggeworfen und sein Zuhause verlassen hat, tut das nicht aus Abneigung gegenüber seinen nahen Verwandten, sondern weil er seine Liebe auf andere in seiner Nähe ausdehnen will. Wenn diese Ausdehnung kommt, empfindet man es nicht so, als würde man von Zuhause fortlaufen, sondern man fällt von ihm ab wie die reife Frucht vom Baum. Bis dahin wäre es eine Torheit, sein Zu-hause oder seine Arbeit zu verlassen."

F.: „Kann jeder Gott sehen?"

B.: „Ja."

F.: „Kann ich Gott sehen?"

B.: „Ja."

F.: „Wer führt mich, damit ich Gott sehen kann? Brauche ich keinen Führer?"

B.: „Wer hat dich zum Ramanashram geführt? Unter wessen Führung siehst du täglich die Welt? Gott ist dein eigenes Selbst jenseits von Körper, Geist und Verstand. So wie du die Welt sehen kannst, wirst du dein eigenes Selbst sehen können, wenn du ernsthaft danach strebst. Dein Selbst allein ist auch dein Führer in dieser Frage."

Gott mit und ohne Gestalt

F.: „Wenn immer ich Gott mit Namen und Gestalt verehre, bin ich versucht zu denken, ob ich nicht das Falsche tue, da es bedeutet, das Grenzenlose zu be-grenzen, indem ich dem Gestaltlosen eine Gestalt gebe. Zugleich spüre ich, dass ich nicht beständig an der Verehrung Gottes ohne Gestalt festhalten kann."

B.: „Solange du auf einen Namen antwortest, welchen Einwand kann es da geben, wenn du Gott mit Namen und Form verehrst? Verehre Gott mit oder ohne Gestalt, bis du weißt, wer du bist."

13. EINIGE ÜBERRASCHENDE VORFÄLLE

Eines Tages, als alle Besucher zum Mittagessen in den Speisesaal gingen, wurde ein junger Brahmane hinausgeworfen. Als ich das sah, wollte ich mich nicht zum Essen hinsetzen. Doch dann tröstete ich mich und aß. Ich war jedoch über das Ereignis so bestürzt, dass ich später am Tag nichts vom *prasadam*[14] zu mir nahm.

Um 3 Uhr nachmittags kam ein Affe und setzte sich mir gegenüber in die Halle. Ich wollte ihm all mein *prasadam* geben, das ich bisher gesammelt hatte. Sri Bhagavan sah mich an und meinte, wenn ich diesen Burschen füttere, würden hundert andere solche Müßiggänger in den Ashram strömen, und der Ashram würde sich von einem Rückzugsort für spirituell Übende (*sadhakas*), Weise (*Jnanis*) und Yogis zu einem Heim für Müßiggänger entwickeln. Ich konnte in meiner geistigen Verfassung nicht anders als aus der Bemerkung zu schließen, dass Bhagavan mich in meiner Verwirrung trösten und davon überzeugen wollte, dass Gott alles für einen jeden vorausbestimmt hat und es daher völlig nutzlos ist, sich mit

---

[14] kleine Gaben von Besuchern und Verehrern [meist Obst oder Süßigkeiten], die regelmäßig im Ashram verteilt werden, nachdem Sri Bhagavan ein wenig davon genommen hat

solchen Miseren zu identifizieren und sich vergeblich wegen Seiner Taten zu beunruhigen.

Ich wollte Sri Bhagavan eine Frage stellen, doch als ich dazu ansetzte, antwortete er mir, indem er mich auf einen Abschnitt in Herrn Bruntons ,Secret Path' hinwies, worin es heißt, dass die Sprache nur die Argumentation vernebeln und die stille Kommunikation des Denkens stören würde.

Als Sri Bhagavan einigen Jungen, die nicht älter als zehn waren, half, sein Sanskritwerk Upadesa Saram auswendig zu lernen und sie verbesserte, lachte ich im Stillen über die Vergeblichkeit, den Burschen, die nicht einmal das ABC beherrschten, diese hoch metaphysische Dichtung nahe zu bringen. Ohne dass ich auch nur ein Wort gesagt hatte, wandte sich Sri Bhagavan mir zu und meinte, dass die Kinder zwar nicht die Bedeutung dieser Verse verstünden, sie ihnen aber sehr helfen würden, wenn sie im Erwachsenenalter in Schwierigkeiten steckten und sich an sie entsinnen würden.

14. DER DRITTE BESUCH

Ich hatte immer zwei gegensätzliche Wünsche: Sri Bhagavan sooft als möglich zu besuchen und diesen Besuch so lange wie möglich hinauszuschieben, bis ich einen greifbaren Beweis für meinen Fortschritt hatte. In der Zwischenzeit wurde ich jedoch durch die eine oder andere Kraft zu ihm getrieben, was offensichtlich durch seine Gnade geschah. Beim ersten Mal geschah es durch meinen unmittelbaren Vorgesetzten, beim zweiten Mal durch einen telepathischen Befehl, der am selben Tag durch einen Brief eines langjährigen Schülers bestätigt wurde. Jetzt war es wiederum ein Regierungsbeamter, der meinte, es wäre ihm ein Vergnügen, den Ashram in meiner Begleitung zu besuchen, oder vielmehr ein indirekter Vorschlag, dass ich mich besser bald zu Sri Bhagavan begeben sollte.

Ich nahm mir fünfzehn Tage Urlaub und blieb bei Sri Bhagavan. Ich war mir meiner Rückschritte und fehlenden Beständigkeit in meinem *yama* und *niyama*[15] bewusst. Diesmal saß oder stand ich nicht dauernd vor Sri Bhagavan, wie ich es früher immer getan hatte, doch Sri Bhagavan schaute bei mir in meinem Zimmer vorbei, wenn er um 10 und um 15:30 Uhr seine üblichen Runden drehte, und stellte mir allerlei Fragen.

---

[15] die moralische Disziplin, die der spirituellen Übung vorausgeht

Ich lebte in dieser Zeit nur von Kaffee und Reiskuchen am Morgen, einer oder zwei Handvoll gekochtem Gemüse am Nachmittag und einer Tasse Milch am Abend. Nach etwa zehn Tagen fragte mich Sri Bhagavan eines Morgens: „Ist Kaffee und *iddly* (Reiskuchen) alles, was du am Morgen brauchst?" Seine Bemerkung meinte offensichtlich, dass solche Einschränkungen für seine Schüler, die Selbstergründung (*vichara*) übten, nicht nötig seien.

Es muss dazu erwähnt werden, dass Sri Bhagavan oft gesagt hat, dass der Sucher eine mäßige Menge von dem essen soll, was gerade da ist, und nicht bestimmte Nahrung verlangen, ablehnen oder auswählen soll, um eine bestimmte Diät einzuhalten. Im Gegensatz zur Behauptung der Hatha-Yogis, dass die Yoga-Übung nötig sei, um Krankheiten abzuwehren und den Körper rein und gesund zu erhalten, damit man sich besser konzentrieren kann, könne die Selbstergründung, wenn man sie genau befolgt und den Geist völlig auf eins richtet, alle Keime ersticken, wo und wann immer sie auftauchen. Er schien auch der Meinung zu sein, dass sich für solch einen Sucher *yama* und *niyama* von selbst einstellen würden, wie es bei ihm der Fall gewesen war. Er erzählte, dass er, als er 18 Monate lang in Gurumurtam gewesen sei, nur von einer Tasse Milchgemisch täglich gelebt habe. Er besteht auf der beständigen, auf eins gerichtete Ergründung, und es ist auch für den Anfänger offensichtlich, dass solch eine Ergründung, die wie das unaufhörliche Fließen von Öl ist, von selbst eine beständige Haltung (*asana*) ohne Hunger, Durst und Krankheit bewirkt. Nur ein Anfänger kann diesen Zustand nicht leicht erreichen und muss mit seinen schwankenden Neigungen kämpfen.

Während dieses Besuchs wurde ich nochmals von Sri Bhagavan überrascht. Ein gebildeter, arbeitsloser Jugendlicher besuchte regelmäßig den Ashram. Er harrte stundenlang in seiner Meditationshaltung aus, sodass einige, wenn nicht alle, neidisch auf seinen schnellen Fortschritt waren. Bhagavan meinte eines Tages, vielleicht um unsere Zweifel zu zerstreuen, dass der Junge nicht über Gott oder das Selbst meditiere, sondern ihn (Sri Ramana) um seine Gnade bitte, Arbeit zu bekommen. Dem fügte er noch hinzu, dass weltliche Leute, die ihre Wünsche erfüllt bekommen wollten, dort suchen sollten, wo sie das Gewünschte auch erhalten könnten, und dass er ihm keine Arbeit besorgen könne. „Gebe ich den Leuten hier Arbeit? Ich bin ein *Sannyasin* ohne Besitz und Arbeit." Der Junge, der das meiste des Gesprächs mitangehört hatte, obwohl er vorgab, nichts wahrzunehmen, was um ihn herum vorging, bestätigte später, dass Sri Bhagavan völlig Recht hatte.

Am Ende meines Aufenthalts reiste ich nach Tirupati, Kalahasti und an andere Orte, und Sri Bhagavan, der nicht viel von solchen Reisen für jemand hielt, der eigentlich von der Wirksamkeit der Selbstergründung „Wer bin ich?" überzeugt ist und die Verehrung von

Bildern, das Üben von *japa* oder Mantren für zweitrangig hält, entließ mich mit einem einfachen „ja, ja", als ich mich verabschiedete. Seine unausgesprochene, aber wohlverstandene Missbilligung und die Vorzüglichkeit seiner Lehre verfolgten mich die ganze Reise über zu den Seven Hills, zu den Papavinasam Wasserfällen, nach Kalahasti, zum Sri Vyasa Ashram in Yerpedu, zu den Kailasanatha Konai Wasserfällen, zum Nagari Buggi Tempel und den dortigen Wasserfällen, zum Tiruttani Tempel und an andere Orte.

Als ich auf dem Heimweg wieder bei Sri Bhagavan vorbeikam, stand ich bebend vor ihm, aber zu meinem Glück lächelte er und sagte, dass sie soeben von mir gesprochen hätten und ich bald danach aufgetaucht sei. Das tröstete mich ein wenig.

15. SCHLUSSWORT

Bevor ich diesen Bericht meiner Erfahrungen mit Sri Bhagavans Lehre und meine Erinnerungen beende, möchte ich noch vor oberflächlichen Eindrücken warnen, die einige Besucher des Ashrams haben und die manchmal als heimtückische Fallen bei der spirituellen Praxis wirken.

Ein tamilischer Gelehrter, der den Ashram im Dezember 1936 besuchte, fragte mich, warum ich, obwohl ich von Sri Bhagavans universaler Liebe sprach, meine Mahlzeiten nicht mit dem Maharshi und den anderen Devotees zusammen einnahm, ungeachtet der Kaste, Religion oder Rasse. Ich erinnerte ihn an die Geschichte von Sri Shankaracharya und seinen Schülern und fügte hinzu, dass alle Fahrzeuge, seien es Ochsenkarren, Autos, Straßenbahnen oder Züge, eine Art von Straße benötigten. Aber während der Ochsenkarren über jede Straße, über Schlamm oder Sand fahren kann, wenn es nur kein Gestrüpp auf dem Weg gibt, benötigt das Auto eine moderne Schotterstraße, und der Zug, der über 100.000 Rupien kostet und 60 Meilen die Stunde fährt, benötigt nicht nur zwei gut verlegte Schienen, sondern auch Zugbolzen, die fest verschraubt sind, während ein Flugzeug überhaupt keine Straße braucht. Es kennt seinen Weg und das Ziel und kümmert sich nicht darum, wie es sich in der Luft bewegt. So ist man, solange man in dieser Welt lebt, durch Gesetze und Sitten gebunden.

Gleichgültig ob eine Sitte zu einer gewissen Zeit für einen annehmbar ist oder nicht, muss man sich meiner Meinung nach an irgendwelche Formen halten, solange kein gerechter Wandel eingeleitet werden kann, wenn man nicht zur Schaffung chaotischer Zustände beitragen will.

Ich erinnere mich auch an einen Artikel, den ich vor zehn Jahren gelesen habe, in dem steht, was der Prophet Mohammed seiner Frau kurz nach seiner Erleuchtung gesagt haben soll. Dort heißt es: „Er [Mohammed] habe nun durch die unaussprechliche, besondere Gunst des Himmels alles herausgefunden. Er sei nicht länger in Zweifel und Dunkelheit, sondern habe alles erkannt. All diese Bilder und Gebräuche seien nichts weiter als schlechtes Holz. Es gäbe nur einen Gott in und über allen. Wir müssten alle Götterbilder beiseitelassen und auf Ihn schauen. Gott allein sei groß, und nichts anderes. Er sei die Wirklichkeit. Hölzerne Götterbilder seien nicht wirklich. Nur Er sei wirklich."[16]

Die Upanishaden, die Krone der Philosophie, bekräftigen immer wieder dieses eine große, zentrale Ideal, so auch Sri Ramana. Meine einzige Bitte ist nur, dass das Unglück, das den Idolen dieses Landes widerfuhr, nicht durch unreife Sucher wiederholt werden möge, die zwar Sri Bhagavans Art des Essens kopieren,

---

[16] Freedon: The Soul of Islam, in: The World Liberator, Long Beach, California, (6/1927), S. 13

nicht aber sein beständiges *tapas*, wie er es jahrelang geübt hat, wobei er weder an Essen noch Trinken gedacht hat. Wenn uns solche Unterschiede von dem Hauptgrund der Verehrung und Anbetung ablenken, dann haben wir eine falsche Sichtweise. Aber da um diese Frage offen gestritten wird, und das mit einem gewissen Hassgefühl gegen die sogenannten gescheiterten Gebräuche, muss ich es hier erwähnen. Sri Bhagavan kann mit dem Flugzeug verglichen werden, aber Menschen wie ich sind nicht besser als die Lokomotive, die trotz allem einen festgelegten Weg benötigt und ihm folgen muss.

Für einige Sucher besteht auch die Gefahr, dass sie keine Zurückhaltung bei den Wahrnehmungs- (*jnanendriyas*) und Tätigkeitsorganen (*karmendriyas*) beachten und Liebe für alle Lebewesen, Mitleid, Nächstenliebe, Demut und das alles nicht entwickeln. Obwohl Sri Bhagavan diese Dinge nicht ständig wiederholt, so ist es doch klar, wenn man seine kurzen Werke sorgfältig liest (so kurz sie auch sein mögen, so sind sie doch voller Bedeutung), dass, anstatt diese Dinge beiseitezuwischen, er zu einem reinen und wohltätigen Leben ermahnt, wie Vers 5 des Arunachala Ashtakam und andere Verse zeigen. Die Notwendigkeit dafür entsteht im Leben und in der Übung des Suchers, wenn man sich wirklich ernsthaft hinsetzt und Selbstergründung übt.

Sri Bhagavan, der eins mit dem Selbst geworden ist, besteht wiederholt darauf, dass man das Selbst verwirklichen soll. Nach ihm bedeutet Gott zu lieben, Ihn zu verwirklichen. Verwirklichung ist höchste Verehrung (*parabhakti*). Die Verwirklichung, dass Gott und das Selbst eins sind, führt zur Verwirklichung der Universalität der Seele und beseitigt Hass, Eifersucht, Krieg usw. Aber bevor man das verwirklichen und mit seiner höchsten Lehre vereinbaren kann, ist es nutzlos, ja schädlich, über die kleinen Dinge des Alltagslebens nachzudenken und zu sprechen. Wenn man das zentrale Thema seiner Lehre übersieht, die dieselbe ist wie die eines jeden großen Propheten, aber klarer, kürzer und eindeutiger, übersieht man die einmalige Enthüllung des großen Meisters Sri Ramana.

Offensichtlich um Streitigkeiten und Diskussionen zu vermeiden, lehnt er jeden Namen ab, verkündet keine dogmatischen Theorien und verlangt von keinem, einen der unzähligen Gottheiten irgendeiner Religion zu verehren. Darin liegt die Bestätigung seiner bereichernden Erfahrung des Selbst.

Einmal kam ein *Sannyasin* aus der Nähe von Madurai zu Sri Bhagavan und bat ihn, seinen Namen in ein Notizbuch zu schreiben, womit er für das Rasthaus eines Tempels oder etwas ähnliches Geld sammeln wollte.

Sri Bhagavan: „Was ist mein Name?"

Der Swami: „Sri Ramana."

Sri Bhagavan: „Das sagst du. Ich habe keinen Namen."

Stelle jede mögliche Frage, und wie ein Freund, der fragte, was mit dem Leben nach dem Tod geschieht, erhältst du die Antwort: „Was geschieht mit wem?" „Wer bist du?" oder „Wer stirbt?" „Du stirbst nie."

Eines Morgens stand ich zu spät auf und versäumte, mich vor Sri Bhagavan zu verneigen, was das erste ist, was ich am Morgen tue. Doch dann traf ich ihn auf dem Weg zum Wasserspeicher und verneigte mich vor ihm. Sri Bhagavan fragte: „Warum tust du das? Wozu soll die Verneigung eines materiellen Körpers vor einem anderen dienen? Wer verneigt sich? Vor wem? Es gibt keinen Guru und keinen Schüler. Erkenne, wer du bist." Er wollte den Fragern, Verehrern und Schülern immer das zentrale Thema seiner Verwirklichung deutlich machen, nämlich die Identität von Gott und Selbst.

Es gibt einige weitere Anekdoten mit belehrendem Charakter, die ich nicht erzählt habe, um dieses Büchlein nicht zu umfangreich werden zu lassen. Und da Sri Bhagavan mit Worten sehr sparsam umgeht, wäre es auch eine schwierige Aufgabe, genügend Material zu sammeln, wie lange man auch im Ashram sein und wie eifrig man auch jedes Wort von seinen Lippen sammeln würde. Wenn ein Sucher von den wenigen Episoden und Gesprächen, die hier berichtet wurden, innerlich berührt worden ist, kann ich ihn nur mit den Worten des Verfassers der Katha Upanishad (III.14) einladen:

Wach auf! Wach auf! Und such den Großen,
Sri Ramana.
Genieße das Brot des Lebens aus seiner Hand
und erlange Weisheit.
OM TAT SAT

Sri Ramanarapanamastu

LITERATURVERZEICHNIS

Brunton, Paul: Von Yogis, Magiern und Fakiren. – Freiburg i. Br., 1974 (Übersetzung von: A Search in Secret India)

Ebert, Gabriele: Ramana Maharshi: Sein Leben. – 2. Aufl. – Norderstedt, 2011

Ebert, Gabriele: Ramana Maharshi und seine Schüler: Band 1. – 2. Aufl. – Norderstedt, 2014

Ebert, Gabriele: Ramana Maharshi und seine Schüler: Band 2. – Norderstedt, 2017

Humphreys, Frank: Einblicke in das Leben und die Lehre Ramana Maharshis. – Norderstedt, 2018

Iyer, T.K. Sundaresa: Mein Leben mit Ramana Maharshi. – 2. Aufl. – Norderstedt, 2015

Mudaliar, A. Devaraja: Tagebuch der Gespräche mit Ramana Maharshi. 2. Aufl. – Norderstedt, 2011

Nagamma, Suri: Briefe aus dem Ramanashram. – 2. Aufl. – Norderstedt, 2014

Ramana Maharshi: Die Quintessenz der spirituellen Unterweisung (Upadesa Saram). – 2. Aufl. – Norderstedt, 2014

Ramana Maharshi: Über die Wirklichkeit: 40 Verse mit Ergänzungsversen (Ulladu Narpadu mit Anubandham). – 3. Aufl. – Norderstedt, 2015

Ramana Maharshi: »Wer bin ich?«: Der Übungsweg der Selbstergründung. – 3. Aufl. – Norderstedt, 2011

Ramana Maharshi: Die Gesammelten Werke. – Norderstedt, 2016

Ramana Maharshi: Spirituelle Geschichten aus Indien. – Norderstedt, 2016

Sadhu Arunachala (Alan Chadwick): Ramana Maharshi: Erinnerungen eines Sadhus. – 2. Aufl. - Norderstedt, 2017

Venkataramia, Munagala: Gespräche mit Ramana Maharshi. – Norderstedt, 2014